Angst is de vijand van geluk

Een boek vol magie en liefde

JY van Zalk

Inleiding

Welkom in mijn spirituele wereld!
Al jaren loop ik met het gevoel rond te willen schrijven over ons wonderbaarlijk bestaan, maar er is een dwarsligger: het stemmetje van mijn ego, oftewel van mijn persoonlijkheid zelve, dat mij steeds in twijfel brengt door zich continu op de voorgrond te dringen met negatieve uitlatingen: 'Een boek schrijven kan ik toch niet. Bespaar de moeite want daar komt niets van terecht'. Deze onzekerheid over mezelf staat haaks op een intuïtief gevoel in me dat me herhalend ingeeft dat ik dat wel zou kunnen.
Het gevoel een boek te willen schrijven ontstond ná een turbulente periode in mijn leven waarin het geluk me de rug had toegekeerd en de zin van het leven een groot vraagteken voor me was geworden.
Begin jaren 90 ben ik met mijn man en onze dochter van één jaar oud naar Luxemburg geëmigreerd. Na de geboorte van onze tweede dochter in Luxemburg was ons gezin compleet. Ik heb daar veel gelukkige jaren gekend, tot ons gezin door echtscheiding uit elkaar viel.
Toen ik in een nacht door mijn angsten verslagen was, kreeg ik op wonderbaarlijke wijze hulp uit onverwachte hoek. Hierdoor kwamen krachten in mij naar boven die ik niet voor mogelijk had gehouden.
Toen ik door deze positieve krachten de zin van het leven weer had hervonden, kreeg ik het verlangen om mijn bijzondere spirituele ervaringen met anderen te delen.

De doorslag om jaren later daadwerkelijk met schrijven te beginnen, was een kaartspel dat ik kreeg van mijn inmiddels nieuwe wederhelft Pé. Nu houd ik helemaal niet van kaartspelletjes, maar deze kaarten trokken mijn speciale aandacht. Het waren orakelkaarten. Kaarten die je van advies kunnen dienen of die antwoord kunnen geven op een specifieke vraag door middel van een korte, duidelijke boodschap. Er zijn veel verschillende soorten orakelkaartendecks waarmee je een kaartlegging kunt doen. Ik had een deck cadeau gekregen waarop stond: 'Engelen Antwoorden'. Deze kaarten kwamen als geroepen op mijn pad. Ik ben er namelijk heilig van overtuigd dat er spirituele lichtwezens bestaan. Via de kaarten zou ik een antwoord kunnen krijgen op mijn vraag, welk stemmetje in mij gelijk heeft. Dat van mijn ego dat niet veel vertrouwen in mijn schrijfkunsten heeft of dat van mijn intuïtie die mij het gevoel geeft dat ik dat wel kan en zelfs mensen hiermee kan inspireren.
Voordat ik met de kaartlegging ging beginnen, was het van belang dat ik de handleiding goed doornam. Zo staat daar vermeld hoe je de kaarten voor gebruik op de juiste manier moet inwijden. In het kort gezegd houdt dit ritueel in dat de kaarten moeten worden gereinigd van alle energie die ze tijdens het fabricageproces en de verkoop hebben aangetrokken. Daarna kan jouw energie op de kaarten worden overgebracht.
Nadat ik deze handelingen heel secuur volgens de gebruiksaanwijzing had uitgevoerd, ging ik aan de slag. Terwijl ik de kaarten schudde, moest ik mijn vraag aan de Engelen in gedachte houden: **'Klopt mijn intuïtie, komt dat boek er?'**
Tijdens het schudden viel er per ongeluk een kaart uit

de stapel. In de instructies had ik gelezen dat die kaart apart moest worden gelegd, want deze zou ook deel uitmaken van de reading. Zorgvuldig legde ik de kaart terzijde, en spreidde de overige kaarten op tafel voor me uit. Het was de bedoeling dat ik er één tussenuit pakte. Gek genoeg hoefde ik er niet over na te denken welke kaart ik pakte, dat gebeurde gewoon.
Ik pakte de kaart met **JA**.
Alsof ik de hoofdprijs in de staatsloterij had gewonnen, riep ik enthousiast: 'Dit kan niet waar zijn! Ongelofelijk!'
Ik vergat helemaal de kaart die er tijdens het schudden tussenuit was gevallen. Wat zou daar dan nog op kunnen staan? Dat boek gaat er komen, werd mij zojuist verteld.
Ik draaide de kaart om en viel bijna van mijn stoel. Op de kaart stond:

Luister naar je Intuïtie

In dit boek ga ik jullie meenemen langs het pad dat met horten en stoten zal leiden naar het manifesteren van mijn doel: De uitgave van 'Angst is de vijand van geluk'.

HOOFDSTUK 1

Inmiddels was het weken na de kaartreading. Vanwege mijn onzekerheid om een volwaardig boek te kunnen schrijven, en daarbij bang was dat ik niet bij machte zou zijn om goede tekst en uitleg aan mijn boodschap te kunnen geven, werd ik steeds ontmoedigd om de uitvoering van mijn droomwens door te zetten.
Tot er tijdens een rondje googelen, zonder enige aanleiding een soort van aanmoediging pontificaal voor mijn neus floepte: 'Het is niet nodig de hele trap te zien om de eerste stap te zetten'.
Deze aansporing had ik net nodig! Wat een zinvol toeval, want het gaf me op het juiste moment de leidraad om stap voor stap te beginnen. Resoluut pakte ik de inmiddels gemaakte voorbereidingen ter hand en ging weer met goede moed aan de slag. Maar het bleek slechts een kortstondige uitbarsting te zijn. De aandrift voor het schrijven van een boek leek alsmaar door negatieve gevoelens te worden bestreden. Deze pessimistische emoties vloeiden voort uit een stemmetje in me dat twijfelde aan mijn capaciteiten en dat me angst insprak dat mijn verhaal niemand zou interesseren.
Door het bijhouden van een dagboek, kan ik vaak verbindingen tussen bepaalde situaties zien. Toen ik mijn dagboek doorbladerde, las ik twee recente gebeurtenissen die mij deden denken aan de tegenstrijdige emoties die ik ondervond.
Toen Koning Winter nog in het land heerste en de eerste zonnestraaltjes hun best deden om er een bijzonder mooie dag van te maken, speelde de eerste gebeurtenis zich af. Niets weerhield mij er van om samen met mijn hondje Unox lekker door het bos te gaan struinen. Op

de terugweg liep ik over het bospad naar huis waar ik mijn wandeling ook was begonnen. Opeens zag ik midden op het pad een grote, witte veer liggen, die er op de heenweg nog niet lag. Dat wist ik zeker, want witte veren of witte veertjes op je pad hebben een spirituele betekenis, daarom ontgaan ze me vrijwel nooit. Met een goed gevoel liep ik verder. Tot ik na ongeveer 30 meter weer een klein wit veertje zag liggen op het pad. En nota bene na 30 meter weer! Dat ging zo door tot aan het einde van het pad, vlak bij huis.
Beduusd deed ik direct bij thuiskomst verslag hiervan in mijn dagboek. En wat schetste mijn verbazing? Op de laatste bladzijde, van de dag ervoor, had ik geschreven: 'Engelen laat merken dat jullie er zijn en mij leiden op mijn pad'.
Wat een bijzonder toeval, want de spirituele betekenis van witte veertjes die je op een speciale manier op je pad opmerkt, luidt dat de engelen laten weten dat ze bij je zijn. Het bospad waarop de veertjes lagen zou ik voortaan 'Engelenpad' noemen, besloot ik met een blij gevoel.
Er volgde een week van onstuimig weer dat wandelen in het bos ontoelaatbaar maakte. Toen de storm en slagregen weer plaats gingen maken voor wat zonneschijn en ik mijn geliefde Engelenpad weer betrad, constateerde ik een verschil van dag en nacht.
De vorige keer toen ik over het Engelenpad liep, voelde ik me zo blij als een kind. Fantaserend over hoe de veertjes daar zouden zijn beland, stelde ik me toen een sprookjesbos voor, waar elfjes op de laag hangende takken met hun beentjes al bungelend naar beneden, speels heen en weer zwiepten. In mijn verbeelding lachten de bosengeltjes me ondeugend toe, alsof zij

in het complot zaten en de witte veertjes er door hun toedoen lagen. Dit in combinatie met de stralende zonneschijn op die dag, had me toen zo'n hemels gevoel gegeven.
Maar het Engelenpad was niet meer zo vredig als de vorige keer. Omgewaaide bomen dwarsboomden het pad, bruine modderstromen maakten delen onbegaanbaar, en van links naar rechts zaten door wilde varkens uitgegraven gaten. Ik kreeg een beklemmend gevoel, alsof ik ieder moment door een wild beest kon worden aangevallen. Het vrolijk tafereel had plaats moeten maken voor een angstaanjagende beestenboel in de vorm van een zogezegd Zwijnenpad.
Deze abrupte verandering, waar vredige engeltjes het veld hadden moeten ruimen voor vernielzuchtige zwijnen, weerspiegelde mijn gemoedsschommelingen waarin mijn optimistische gevoel om een boek te willen schrijven steeds door angst en onzekerheid werd overschaduwd.
Maar het gebeurde ook andersom: dat mijn negatieve stemming door een kleinigheidje in een positieve gestemdheid werd omgetoverd.
Zo werd ik ontmoedigd door een bericht uit de media. Toen ik de krant had opengeslagen om mijn favoriete column te lezen, viel mijn oog op de bladzijde ernaast waar een artikel stond over een verschrikkelijke aandoening: de ziekte van Usher.
De dramatische prognose van deze vreselijke ziekte gaf zo'n negatief stempel op mijn gestemdheid dat ik zonder de krant verder te lezen mijn dagboek pakte en daarin schreef: 'Ik zit met mijn boek in een impasse. Na het lezen over de ziekte van Usher waarbij je langzaam geheel blind en doof wordt, lijkt me het leven

ineens zo zinloos. Met deze sombere gedachte kan ik niet verder met schrijven. Waarom gebeuren er zulke erge dingen? Geef me hierop een antwoord alstublieft?'
De reactie volgde direct. Toen ik me voor een sanitaire stop had afgezonderd, klonk er heel helder een stemmetje in mijn hoofd dat zei: 'Als jij je zielendoel hierdoor opgeeft, zal je nooit andere mensen die het moeilijk hebben, met jouw boek kunnen helpen'.
Overtuigd pakte ik meteen de pen weer op. Maar het effect was ook dit keer niet van lange duur, want de volgende dag was ik mijn motivatie alweer kwijt.
Er was namelijk vanwege het afgrijselijke artikel over de ziekte van Usher, een dispuut ontstaan met mijn geliefde Pé. Hij is mijn tweede man die mij een paar jaar geleden in Las Vegas het Ja-woord gaf. Pé vond, naar aanleiding van het bericht van die vreselijke ziekte, dat ik moest stoppen met mijn idealiserende vertelsels over engeltjes. 'Zorg dat je met beide benen op de grond blijft staan in deze harde wereld' zei hij nuchter.
Door de trammelant met Pé ontstonden er weer twee tegenstrijdige stemmetjes in mijn hoofd, waarvan het ene vond dat ik sowieso moest stoppen met mijn boek omdat ik dat toch niet zou kunnen, terwijl het andere stemmetje er juist alle vertrouwen in had dat het wel zou lukken. Nadat mijn gemoed door deze innerlijke verdeeldheid was bekoeld, nam ik beteuterd aan de eettafel in de openkeuken plaats en staarde apathisch voor me uit. Zou dit dan het definitieve einde betekenen van mijn diepe verlangen?
Vanuit de voorkamer hoorde ik Pé zachtjes aankomen lopen. In het voorbijgaan raapte hij een pluk stof van de vloer op: 'Hier,' zei hij op een toon alsof ik duidelijk iets beters te doen had, en als bewijs legde hij met een

klap het stuk pluis van de grond op tafel voor me neer. Maar het was geen pluis. Nee, het was een sneeuwwit veertje! Abrupt veranderden mijn wanhooptranen in tranen van geluk!

En zo ging de emotionele golfbeweging door met een aaneenrijging van ups en downs. Totdat dit ritme werd onderbroken door een bijzondere droom die plaatsvond toen het met de gezondheid van mijn moeder niet goed ging. De arts dacht dat een 'TIA' hiervan de oorzaak was geweest. Dit is een kortstondige afsluiting van een bloedvat in de hersenen. Omdat ik mij zorgen maakte, ging ik de avond voordat deze droom zich afspeelde, over het welzijn van mijn moeder in gebed. Ik vroeg of ik bij haar zou mogen zijn als ze door de engelen zou worden opgehaald. Na dit avondritueel viel ik rustig in slaap.
In een droom kreeg ik een levensecht beeld met heldere kleuren voor ogen. Er verscheen een ronde passe-partout waarvan de randen ontvlamden. In het midden ontstond een tafereel dat met schijnwerpers werd belicht. Het licht ontsprong net als bij oude tl buizen met onregelmatige lichtstoten.
Opeens kreeg ik haarscherp de woonkamer van het huis in Soest voor me, waar mijn moeder woonde voordat ze naar een verzorgingstehuis ging. Mama zat op de bank en keek heel vrolijk om zich heen. Precies zoals ze in werkelijkheid ook altijd deed. Het beeld verplaatste zich langzaam naar de hoek van de bank waar voorheen altijd een tafeltje stond. In plaats van die hoektafel stond er nu heel demonstratief een lege tweepersoonsbuggy. Dit fragment uit mijn droom was heel vreemd, want mijn moeder had altijd alles aan

kant. Dus waarom die lege tweepersoonsbuggy daar zo opvallend stond was me een raadsel. Toen het beeld langzaam op mijn moeder terug werd gericht, zag ik dat ze met haar gezicht vluchtig heen en weer bewegend op zoek naar mij was. Oh dáár ben je, duidde ze met een handgebaar. Wat leek ze enorm gelukkig toen ze me zag! Ze begon dolenthousiast naar me te wuiven. Toen ik me bewust werd van de situatie, werd alles zwart voor mijn ogen. Ik was uit mijn droom gehaald en teruggekomen in mijn ontwakend bewustzijn. Ik weet niet wat deze bijzondere droom me te vertellen had, maar terwijl ik weer langzaam aan het wegdoezelen was, kreeg ik iets geheimzinnigs ingegeven: 'Tijdens het schrijven van je boek zullen er verscheidene heldere dromen verschijnen met fragmentarische beelden die je inspiratie geven en op creatieve ideeën brengen'.
Ik was heel benieuwd naar de dromen die nog zouden volgen. Als ik niet verder zou gaan met mijn boek, zou ik ze nooit te weten komen!
Zo werd mijn motivatie om verder te gaan aangezwengeld door de kracht van nieuwsgierigheid.

De geheimzinnige ingeving die mij liet vermoeden dat er inspirerende dromen zouden verschijnen, bleek meteen al te kloppen. In een droom verrees mijn 'vaderzaliger' voor me die al tientallen jaren geleden naar de hogere sferen is gegaan.
Mijn vaderzaliger stond in een toog bovenin de lucht voor een statige toegangspoort die beschenen werd door subtiel hemellicht. Van bovenaf keek hij op mij neer en sprak mij toe. Op het moment dat ik me dit besefte, verdween het beeld en daarmee ook het licht,

alsof het door een trechter werd weggezogen en in de oneindigheid ontsnapte. Terwijl ik aan het ontwaken was, kreeg ik in gedachte de woorden van mijn vader door: 'Jeannet, geef niet op, maar ga verder met het schrijven van je boek, want je kan het. Wees daarbij niet bang iets van jezelf te laten zien of verkeerde dingen over anderen te vertellen. Te veel aan informatie die je over jezelf en anderen geeft, zal de tekst misstaan en zal je er later vanzelf uitschrappen'.
Deze stimulerende woorden gaven me de kracht van geest om steeds de draad weer op te pakken en verder te gaan met mijn boek. En wat fijn dat juist mijn vader dit advies gaf. Vroeger kon hij mij als kind ook altijd zo liefdevol troosten, goede raad geven en moed inspreken. Dit in combinatie met mijn moeder die mij altijd een groter talent toe schreef dan ik had, gaf mij zelfvertrouwen. Hierdoor heb ik achteraf gezien veel aan mijn ouders te danken.
Terwijl mijn hart met weemoed was vervuld, stond ik onmiddellijk op en spoedde me naar mijn dagboek om deze mooie spirituele ervaring op te schrijven. Een tikkeltje nerveus sloeg ik het boekje open. En toen vielen mijn ogen bijna uit mijn kassen van verbazing. Mijn blik viel op een tekstje dat ik een paar dagen ervoor geschreven had: 'Papa geef me eens een teken en laat me weer eens iets opvangen van jouw goede raad'.
De boodschap was duidelijk. Ik kan met een gerust hart van wal steken en een boekje over mezelf opendoen.

HOOFDSTUK 2

Het was op 7 oktober 2018, in het jaar voorafgaand aan de kaartreading, dat ik in de avond een hele lugubere ervaring te verduren kreeg, die ik nooit meer zal vergeten en die de aanzet gaf tot een grote verandering in mijn leven.

Voordat ik deze gebeurtenis uiteenzet, neem ik je eerst mee terug naar mijn tienerjaren. In die tijd was ik altijd erg geboeid door de verhalen van vriendinnen over het met een 'glaasje' contact proberen te krijgen met entiteiten, oftewel geesten oproepen. Ze vroegen of ik ook mee wilde doen met dit spookachtige 'glaasje draaien', dat meestal vanwege het stiekeme karakter buiten het ouderlijk huis op studentenkamers plaatsvond.

Mijn vader had er lucht van gekregen dat ik hiervoor benaderd was, en raadde mij ten zeerste af om hieraan deel te nemen. Hij zei dat dit soort van vermaak voor ons menselijk verstand niet is te bevatten. Er kunnen duivelse krachten worden opgeroepen die ons leven in hun greep nemen door je gedachtewereld te beïnvloeden.

Ik nam de woorden van mijn vader ter harte, want zijn uitleg klonk angstaanjagend. Daarom besloot ik niet van de partij te zijn bij de paranormale bijeenkomsten en dus nooit te weten komen of het spirituele spel op illusie of op magie zou berusten.

En zo verstreken er talloze jaren waarbij ik altijd keurig het advies van mijn vader bleef opvolgen, ook al was hij er enkele decennia niet meer.

Tot ik jaren geleden Pé leerde kennen en ik met hem op een avond meeging naar een verjaardagsfeestje bij

vrienden van hem in het zuiden van Limburg. Het was al wat later op de avond toen het sensationele bewegende glaasje ter sprake kwam. Het viel me meteen op dat veel aanwezigen er bekend mee waren. Luidruchtig wisselden ze hun ervaringen met elkaar uit alsof het over geinig amusement ging. Pé daarentegen, merkte op dat je hier vol respect mee om moet gaan en dat het zeker geen spelletje is. Zo sceptisch hij soms tegenover mijn verhalen over engelentekens staat, zo ernstig is hij over het met materie oproepen van onbekende energieën.
Naderhand zei Pé tegen mij dat het bewegende glaasje geen fantasie is, maar dat het daadwerkelijk om onverklaarbare geheimzinnigheid gaat. Bij mijn vriendinnen twijfelde ik nog wel eens aan hun spookverhalen, maar van Pé wist ik zeker dat hij de waarheid sprak en het dus geen zinsbegoocheling of toverkunsten waren.
Vanaf dat moment maakte ik, als ik bij Pé was, van iedere gelegenheid gebruik om verhalen aan te horen over dit mysterieuze vertier. Zo kon ik mijn nieuwsgierigheid over dit thema nog eens extra aanwakkeren. Keer op keer bleef ik naar details vragen en ik probeerde me er dan een voorstelling van te maken. Zelf experimenteren zou ik voorlopig niet doen, daar had mijn vader me teveel voor gewaarschuwd.
Deze onverzadigbare nieuwsgierigheid ging jaar na jaar zo door, tot ik met Pé op zondag 7 oktober aan zijn zelfgemaakte barretje in de garage zat. Dat het de zevende oktober was, weet ik nog precies, omdat dat de sterfdag van mijn vader is.
Schuin voor mij stond een ijzeren vogel op de bar. Zijn grote, schelvisachtige ogen maakten hem tot een geheimzinnige verschijning en daarom vond ik hem

best guitig om te zien.
Terwijl wij daar zaten, ging het gesprek al snel weer in alle hevigheid over het mysterieuze glaasje en de aanverwante griezelverhalen. Het is heerlijk om daarover te kunnen fantaseren en lekker te griezelen. Maar na die avond zou daar abrupt een einde aankomen.
In die zelfgemaakte bar is het heerlijk vertoeven als de dagen gaan korten en de nachten gaan lengen. Door de verzamelde collector items aan de muren en aan het plafond, zak je al snel weg in nostalgische sferen. IJzingwekkende maskers en komische Vastenavondattributen herinneren je eraan in het zuiden des lands beland te zijn waar carnaval in de cultuur zit ingebakken.
Op een gegeven moment ging Pé de garage uit, waarna ik mijn kans schoon zag om me met die geheimzinnige, ijzeren vogel te gaan amuseren. Vanwege zijn komische uitstraling begon ik hem een beetje te jennen door me met mijn ogen op zijn doordringende kijkers te concentreren. Terwijl ik wat oneerbiedig voor zijn gelaat heen en weer deinde, volgde hij mijn oogbewegingen met een strakke blik, waarbij het licht van een flikkerend kaarsje zijn ogen deed oplichten en zijn veren deed opvlammen. Op een gegeven moment kreeg ik het gevoel in trance te zijn. Daar genoot ik van. Wat een heerlijk ontspannen gevoel was dat!
Pé verscheen weer in de deuropening. Ik was hem helemaal vergeten, en had er geen flauwe notie van hoelang hij weg was geweest. Duf, zoals uit een hypnose ontwakend, richtte ik me naar Pé die tegenover me op een kruk achter de bar had plaatsgenomen.
En toen gebeurde het! De ijzeren vogel vloog van de bar af en maakte na een duik van bijna twee meter een

landing op de werkbank, zonder daarbij om te vallen. Het was alsof ik hem als een stuk speelgoed had opgewonden.
Verbouwereerd liet ik mijn argwanende blik langzaam via mijn linkerschouder naar beneden afglijden.
Wat daarnet nog een guitig beestje leek, stond er nu bij als een gevederd schepsel met een duivelse blik. Het was dat Pé getuige was van zijn landing op de werkbank, anders had ik gedacht dat ik niet helemaal in orde was en ze had zien vliegen.
Van mijn stoere praatjes was niets meer over. Met de staart tussen de benen ben ik zonder dat beest nog een blik waardig te gunnen, afgedropen richting woonhuis.
De angst had genadeloos toegeslagen. Doodsbang was ik! Dat was dus het gevolg van mijn niet te stillen lust naar spookverhalen.
De dagen er na was ik nog hevig van de kaart. Pé daarentegen deed er heel nuchter over. Hij zei: 'Ach, je moet het zo zien, dat glaasje beweegt ook door onverklaarbare redenen en dat is in dit geval precies hetzelfde. Daar moet je niet bang voor zijn. Wij kunnen daar nu eenmaal met ons verstand niet bij'.
Naast dat ik het nooit meer in mijn hoofd heb gehaald om over het glaasje te beginnen, zag je mij ook niet meer gezellig aan het barretje zitten. De lol was er definitief vanaf. Sterker nog: ik durfde zelfs geen stap meer over de drempel van de garagedeur te zetten. En als dat toch moest, omdat ik echt iets nodig had, griezelde ik het uit. Stel je voor dat ik die vogel, die inmiddels door Pé op zijn plaats was teruggezet, weer zag vliegen of dat die achter me aan zou komen.
Ik had me eens laten vertellen dat als je vreselijk bang wordt voor een magische gebeurtenis, daar geen

vredelievende engeltjes achter zitten, maar dat het gevaarlijke entiteiten, oftewel geesten kunnen zijn. Wie weet wat voor krachten ik had opgeroepen met mijn respectloze gedrag!
Er gingen weken voorbij waarin de angst niet minder werd, maar juist sterker. Het was een trauma geworden, waarbij zelfs de gedachte aan de vogel me mesjogge maakte. Als ik alleen in kleine ruimten was, zag ik de bewegingen van mijn schaduw aan voor een schim en kon ik plotseling overvallen worden door hevige paniek.
En zo werd ik in nauwe ruimtes bang voor mezelf, bang voor mijn eigen geest.
Inmiddels waren we in de feestmaand december beland. Ik besloot mezelf 'Bachbloesemmix' cadeau te doen. Dit is een natuurmiddel dat werkt tegen negatieve emoties, waaronder angst. Maar hoe trouw ik het middel ook nam, het hielp geen klap.
Een tijd geleden was dat anders geweest. Toen had ik wel door middel van Bachbloesem een angstige ervaring kunnen loslaten die zich middenin de nacht als een ware nachtmerrie afspeelde. Het gebeurde in een hele oude hoeve in Duitsland, waar ik doordeweeks wel eens verblijf. Het doet er heel luguber aan. Beneden in één van de kelders is een diepe waterput, die nog door de Romeinen gebouwd zou zijn. Uit die put zijn eens pistolen en een geweer opgevist. In de 2e wereldoorlog zou er een chauffeur van Hitler in deze oude hoeve hebben gewoond. In één van de andere kelders is een dichtgemetselde toegang tot een ondergrondse gang die naar de Moezel leidt. Op zwoele zomeravonden als je je in roezige sferen bevindt, is het reuze spannend om met andere gasten van gedachten

te wisselen over wat zich achter die dichtgemetselde toegangsdeur voor griezeligs heeft afgespeeld. En zolang ik niet alleen in die oude hoeve ben, durf ik er met veel bravoure over mee te speculeren.
Maar op een doordeweekse avond, verbleef ik daar wel helemaal alleen, omdat de huisbaas op vakantie was. Om een uurtje of 2 in de nacht werd ik wakker van een krakende deur op de verdieping waar ik sliep. Verstijfd van schrik klampte ik me aan mijn kussen vast. Terwijl ik met ingehouden adem luisterde, hoorde ik iets langs mijn kamerdeur sluipen.
Ik wist het meteen zeker: er was iemand in huis. In één sprong stond ik naast mijn bed. Ik gooide het raam wagenwijd open, in de hoop dat iemand in de wijde omgeving me om 'HILFE' zou horen roepen als het vreselijk mis zou gaan. In één greep pakte ik de in Duitsland legale pfefferspray, die ik altijd binnen handbereik heb. Terwijl de adrenaline door mijn lijf gierde, ontgrendelde ik zachtjes mijn kamerdeur en zette hem op een kier. Met een wild bonzend hart keek ik schichtig van links naar rechts door het kiertje, waarna ik vervolgens met de spuitbus paraat strijdvaardig in het duistere trapgat afdaalde. En toen zag ik in het schemerlicht van een lamp, beneden aan de trap twee kijkertjes mijn kant op staren. Die oogjes waren van het kleine Jack Russeltje van de eigenaar. Kwispelend sprong hij op om mij uitbundig te begroeten.
De conclusie had ik snel getrokken: het baasje zou hier ook ergens rondwaren. Direct draaide ik me om, en maakte me haastig uit de voeten.
Door de shock die dit avontuur bij me veroorzaakt had, deed ik die nacht geen oog meer dicht.
Totaal van streek kwam ik de volgende ochtend op

mijn werk aan. Ik kon alleen nog maar janken. Een collega bij wie ik mijn hart uitstortte, greep meteen 'Bachbloesem Rescuespray' uit haar tas. 'Toe, neem dat maar,' zei ze, 'doe maar twee spuitjes op je tong en herhaal dat over een half uurtje nog eens. Je zal zien dat het helpt'.

En inderdaad, de oproerhormonen in mijn lijf kwamen tot rust en mijn gedachten aan die traumatische ervaring verdwenen als sneeuw voor de zon. Wat een magisch middel tegen angst en piekeren is dat! De hele dag heb ik niet meer nagedacht over mijn hachelijk avontuur.

Maar met betrekking tot de angst door het spookavontuur met de vogel aan de bar, ging die vlieger niet op. Want hoeveel Rescuespray of andere soorten Bachbloesems ik ook innam, niets hielp meer tegen deze fobie. Er zaten spoken in mijn hoofd en die waren niet van plan zich door wat bloesemspray te laten verjagen.

HOOFDSTUK 3

Er gingen wat weken voorbij waarin ik behalve met Bachbloesem ook door middel van mediteren en zelfhypnose van mijn bangheid probeerde af te komen. Maar dat bood helaas geen soelaas.
Toen werd het 31 december. De dag van de goede voornemens.
Ik had mezelf voorgenomen om het komend jaar korte metten te maken met mijn duivelse angsten, want het was ondraaglijk geworden. Daarom deed ik op oudjaarsochtend een schietgebedje om mijn krachten hiervoor te activeren. Hardop zei ik: 'Maak mij sterk tegen mijn angst! Hier wil ik zo snel mogelijk vanaf!' Daarbij deed ik nog een extra verzoekje: 'Laat mij alstublieft vandaag heel opvallend een hart zien als bevestigend teken dat ik daadwerkelijk geholpen word om van mijn angst af te komen'.
Ik geef toe dat het vragen om een teken of mijn gebedje verhoord zal worden tamelijk absurd klinkt. Daarom zal ik de voorgeschiedenis vertellen waarom ik op dit verzoekje kwam.
Van jongs af aan ben ik nieuwsgierig naar het 'onbekende'. Toch zal het pas een jaar of vier geleden zijn geweest dat ontspanningstherapieën, zoals zelfhypnose, mijn aandacht wekten. Aan de hand van filmpjes op het internet probeerde ik me de zelfhypnosetechniek eigen te maken. Vanaf een chaise longue liet ik de filmpjes waarin de instructies werden weergegeven, op een smarttelevisie voor mijn neus afspelen. Na een paar keer geoefend te hebben, kreeg ik het aardig onder de knie. Het is zo relaxed dat je op dat moment alle zorgen en stress totaal vergeet. Om er zeker van te

zijn dat het gevoel wat ik ondervond ook daadwerkelijk een staat van hypnose was, maakte ik een afspraak met een hypnotiseur in Limburg; Yvette. Met Yvette had ik al goede ervaringen. Pé was namelijk ooit naar haar toegegaan om van het roken af te komen. Slechts in één hypnosesessie had ze hem van zijn verslaving af kunnen helpen.
Veel mensen vinden dat hocus pocus, maar als je écht een gewoonte wilt afleren, kan hypnose hierbij hét steuntje in de rug zijn. Het enige dat je nodig hebt tijdens zo'n sessie is wilskracht en motivatie om je doel te bereiken.
Toen ik bij Yvette was, verliep de hypnose precies zoals ik me had voorgesteld, en kwam ik in dezelfde ontspanningstoestand als tijdens mijn zelfhypnose die ik thuis onderging. In deze tranceachtige toestand tussen waken en slapen, maak je contact met je onderbewustzijn. Op dat moment kun je een beeld visualiseren van iets dat je wilt bereiken. Maar je kunt je ook gaan voorstellen dat je afscheid wilt nemen van een bepaalde negatieve gewoonte, of jezelf in positieve zin wilt veranderen, bijvoorbeeld door meer zelfvertrouwen te krijgen. Voor hypnose hoef je niet bang te zijn, want als je iets niet vanuit je hart wilt, zal het niet gebeuren.
Nadat Yvette de hypnosetherapie bij mij had toegepast en ik weer in de waaktoestand was teruggekomen, nam ze uitgebreid de tijd om met mij over spirituele zaken te praten. Ze begon te vertellen over engelentekens.
'Heb je daar nog nooit van gehoord?' vroeg ze verbaasd. 'Dan moet je daar eens op googelen. Het is heel leuk om daarover te lezen.'
Dat was niet aan dovenmansoren gericht, want ik was nog niet goed en wel thuis of ik had mijn speurneus op

de 'googlemachine' al aan het werk gezet.
Er kwamen websites vol met informatie tevoorschijn.
Zo las ik dat engelen vaak tekens geven via wat voor ons mensen als een toevalligheid lijkt. Het kan ook zijn dat je op een buitengewone plaats witte veertjes op je pad vindt, opvallend muntjes aantreft of vormen in de wolken ziet, zoals bijvoorbeeld een hart. Een regenboog die op een speciale manier verschijnt, kan een teken zijn. Maar ook vlinders of vogels die zich opvallend gedragen, kunnen spirituele boodschappers zijn.
Ik las dat je in een schietgebedje naar een teken van engelen kan vragen. Ik heb altijd al het gevoel gehad dat er meer is dan alleen ons fysieke leven. Daarom nam ik me voor om bij gelegenheid de proef op de som te nemen om naar een engelenteken te vragen.
Een week ná de hypnosesessie bij Yvette reed ik door de Ardennen van Luxemburg naar Nederland. De prachtige witte wolkenluchten tekenden de heldere blauwe lucht scherp af. Het panorama met zijn verscheidenheid van wolkenfiguren deed me terugdenken aan de engelentekens waarover Yvette en ik gesproken hadden. Meteen ontsnapte er een schietgebedje aan mijn lippen: 'Wilt u mij alstublieft een hart in de wolken tonen of een andersoortig engelenteken laten zien?'
Als je de vraag gesteld hebt, moet je die loslaten en er niet meer aan denken. Dat loslaten was ik vergeten te doen, dus ging ik de rest van de reis op zoek naar speciale vormen in de wolken. Maar hoe ik mijn best ook deed om een bijzonder figuur in de wolkenpracht te onderscheiden, het lukte me niet.
De volgende dag ging ik met mijn hondje hardlopen.
Vlak voordat ik weer thuiskwam, lag er midden op de

stoep een grote sneeuwwitte veer. Jeminee wat schrok ik daarvan! De hele dag liet het me niet meer los. ‘Zal die veer er nog liggen? Hoe zag die veer er ook alweer uit?’ Die avond kon ik me niet meer inhouden, en ben ik gaan kijken. De witte veer lag niet meer op de stoep. Na lang zoeken vond ik de platgelopen veer vijftig meter verderop in een plantsoentje, waar honden worden uitgelaten. Lekker fris zag de veer er niet meer uit. Al mopperend over hoe ik op het belachelijke idee was gekomen om voor die onzin terug te gaan, liep ik huiswaarts.

Maar de volgende ochtend werd mijn schietgebedje alsnog tweevoudig verhoord. Ik zag dat er een appje de afgelopen nacht was binnengekomen van mijn oudste dochter, die op dat moment in Canada een rondreis maakte. Wonder boven wonder was de afbeelding die ze me gestuurd had een foto van een hart dat doormidden was gebroken door een magische regenboog. Zo werd mijn schietgebedje alsnog beantwoord.

Maar met dit hart was nog iets eigenaardigs aan de hand. Naast een lichte zijde zit er ook een duistere zijde aan.

En dat was precies zoals het in mijn gemoed ook was op dat moment.

Enerzijds was mijn hart vervult van vreugde, omdat mijn dochter het in Canada zo fijn had, maar anderzijds was mijn hart in het bezit genomen door angst, vanwege haar vertelsels over enge avonturen die ze op haar reis beleefde, die letterlijk over beren op de weg gingen. De afbeelding van het hart leek daarom precies een weerspiegeling van mijn tegenstrijdige emoties, waarbij mijn gelukzalige gevoel van blijdschap werd overschaduwd door angst. De reden dat deze magische foto de cover van dit boek heeft gehaald, laat zich dan ook gemakkelijk raden: 'Angst is de vijand van Geluk'.

Na deze uiteenzetting waarom het niet zo gek is om naar een hart te vragen, ben ik het antwoord op mijn bede van die bewuste oudejaarsdag nog verschuldigd. Vlak nadat ik die morgen het schietgebedje had gedaan, vertrokken Pé en ik richting het winkelcentrum om oliebollen te gaan kopen. Mijn kinderen, die in Luxemburg wonen en daar zijn opgegroeid, zijn dol op dit Hollandse lekkernij. Dat was voor mij het hoofdmotief om flink wat oliebollen in te gaan slaan.
Terwijl we in de auto zaten, gooide Pé opeens zijn stuur om en reed in een opwelling de inrit van een tankstation in om de spanning van de autobanden te controleren.
Met een diepe zucht uitte ik mijn verontwaardiging: kon hij dat niet later op zijn gemak doen, als ik de oliebollen zou hebben zeker gesteld? Verdorie, straks zijn ze op, terwijl we er al het hele jaar naar uitkijken.
Terwijl Pé irritant rustig met de banden bezig was, besloot ik de auto uit te klimmen om een kijkje bij zijn werkzaamheden te nemen. Een beetje dromerig, met in gedachte een schaal vol met wit bepoederde zoetwaren, stond ik er naast. Maar toen zag ik opeens op een groot billboard in de lucht, een wolk in de vorm van een hart.
Ik was stomverbaasd.
Dit kon geen toeval zijn!

HOOFDSTUK 4

We hadden de Hollandse oliebollen nog maar net achter de kiezen, toen ik op zaterdagochtend 5 januari met de trein naar mijn moeder ging. Vroeger woonde mijn moeder in Soest, daar waar ik mijn jeugd sleet. Op een gegeven moment was het vanwege haar dementie niet meer verantwoord om zelfstandig thuis te blijven wonen. Daarom hebben we haar naar een verzorgingstehuis in Naarden moeten brengen.
Meestal ging ik met de auto naar mijn moeder, maar ik had ontdekt dat als je buiten de spits reist, via aanbiedingen soms heel gunstig aan een treinkaartje kunt komen. Dat vind ik heerlijk! In alle rust heb je de gelegenheid om uit de hectiek van alle dag te stappen en even tot jezelf te komen. Gewoon een poosje lekker niks doen in plaats van over de snelweg razen of opgefokt in een ellenlange file staan. Vaak lees ik in de trein een welzijn magazine of ik tuur wat uit het raam. Dan zie ik vanuit de trein de snelwegen waar ik anders gereden zou hebben. Als daar files staan, is dat extra genieten. Niet uit leedvermaak, maar omdat ik daar dan aan voorbij zoef.
Die bewuste zaterdag begon mijn reis vanuit Maastricht met de intercity richting Amsterdam. Voor de afwisseling had ik in plaats van een gezondheidsmagazine een spiritueel getint boek meegenomen. Dat boek had ik een paar weken eerder besteld naar aanleiding van een telefoongesprek met mijn oudste dochter. Terwijl we tijdens dat gesprek over ditjes en datjes aan het keuvelen waren, stelde ze mij opeens de vraag: 'Wat is nu eigenlijk de zin van het leven, mams?' Mijn oudste dochter ziet mij als moeder ook als vraagbaak. Daar-

mee voel ik me natuurlijk zeer gevleid, maar hoe graag ik ook mijn wijsheid aan haar wilde overdragen, had ik op deze vraag niet één, twee, drie een concreet antwoord klaar. Daarom was deze diepzinnige vraag van mijn dochter de trigger dat ik me in de zin des levens wilde verdiepen, zodat ik het antwoord op haar vraag onder woorden zou kunnen brengen.

Op het internet spoorde ik een boek op waarin een hoofdstuk stond dat ging over 'de zin van het leven'. Met dat boek zou ik twee vliegen in één klap slaan, want er stond ook een hoofdstuk in over 'het omgaan en bestrijden van angst'. Dat kwam goed uit! Normaal lees ik nooit boeken, omdat ik een afwijking heb die ik zelf onder het paraplubegrip dyslexie heb geschaard. Dit boek had voor mij maar twee relevante hoofdstukken. Van de 360 bladzijden hoefde ik er slechts 20 door te nemen om mij van de doeltreffende informatie te voorzien.

Nadat de trein het station had verlaten, graaide ik mijn aanwinst uit mijn rugtas om me in de zin van het leven te gaan verdiepen. Al snel zat ik aan mijn boek gekluisterd. Het thema fascineerde me dusdanig dat ik alles om me heen vergat.

In het kort zal ik samenvatten wat ik voor wijsheid tussen de regels door meekreeg: Geluk geeft zin aan je leven. Om gelukkig te zijn moet je ervoor zorgen dat je zoveel mogelijk positieve gedachten hebt. Dit betekent dat je negatieve gevoelens, zoals angst, woede, wrok et cetera, moet overwinnen, zodat je plaats kunt maken voor positieve gevoelens.

Nadat ik vanuit de intercity richting Amsterdam, in Utrecht was overgestapt op de boemel naar Naarden, dook ik mijn boek weer in. Diep verzonken in de teksten bleek ik in no- time bij station Hilversum te zijn, de laatste stop vóórdat de trein station Naarden aandoet. In een opwelling drong er een gedachte bij me op om mijn zusje Lynn te bellen, en wat bleek: ze zat ook in de trein om naar onze moeder te gaan! Inmiddels was ze station Baarn gepasseerd en ze zou een paar minuten na mij in Naarden arriveren. Wat ontzettend toevallig! Meestal overleggen we de bezoekjes aan onze moeder van tevoren, maar in dit geval hadden we niets concreets afgesproken.

Het kan maar een paar minuten na het telefoongesprek met mijn zusje zijn geweest, dat ik in de trein uit een roes ontwaakte en het authentieke stationsgebouw in Naarden voor ogen kreeg. In een reflex griste ik mijn spullen bij elkaar, want ik had er geen idee van hoelang de trein daar al stond.

Wat zich er vanaf dat moment heeft afgespeeld kan ik me niet meer heugen. Alleen dat ik een intens stekende pijn in mijn romp voelde. Op het perron kwam ik weer bij mijn positieven door een stem die riep: ‘Mevrouw, mevrouw, gaat het wel?’ Maar ik had er geen benul van wat er gebeurd was. Vanuit de verhoogde couperuimte waarin ik zat, zou ik op een onderliggende stoelleuning terecht zijn gekomen en was ik kort mijn bewustzijn verloren. Inmiddels was ook mijn zusje op het station gearriveerd die totaal verbouwereerd reageerde: ‘Hè, hoe kan dat nou Net, we hebben elkaar nog geen 5 minuten geleden gesproken. Toen was je nog zo opgewekt en nu zit je hier voor pampus’.

Later besefte ik me dat het toeval wilde dat ik mijn zusje een paar minuten voor de val gebeld had. Als ik de ingeving om dat telefoontje te plegen niet gekregen

zou hebben, zou zij niet geweten hebben dat ik in die trein zat. Ze was dan nietsvermoedend rechtstreeks vanuit de trein naar onze moeder gelopen en had mij ontredderd op het station achtergelaten.
Je kunt dit een zinvol toeval noemen, omdat ik hierdoor begeleiding ontving: de liefdevolle hulp van mijn zus.
Op de eerste hulp bleek er niets gebroken te zijn. Dat viel gelukkig mee, want vanwege de pijn en de ademnood had ik gedacht flink de klos te zijn. Er was wel wat merkwaardigs aan de hand, want al had ik eventjes mijn bewustzijn verloren, was er geen bult of schram op mijn hoofd te zien.
Vanwege een flink aantal gekneusde ribben zou volgens de diagnose het herstel weken in beslag gaan nemen. Een ziekmelding voor het werk was onvermijdelijk.
Er brak een tijd aan waarin ik gedwongen rust moest nemen. Tijdens deze periode gingen mij bijzondere dingen opvallen.
Het begon met dubbele getallen die heel opvallend en/of herhalend in mijn blikveld verschenen. Op een gegeven moment werd ik nieuwsgierig en wilde ik weten of die getallen een betekenis zouden hebben. Daarom ging ik virtueel op onderzoek uit. Ik belandde op een website over engelengetallen. Volgens de informatie zouden dubbele getallen die wederkerend verschijnen óf getallencombinatie die op een zeer opvallende wijze je aandacht trekken, een teken van engelen zijn die je daarmee een boodschap willen brengen. Al snel kwam ik uit bij 'numerologie', een term waarvan ik nog nooit had gehoord.
Numerologie houdt zich bezig met de symboliek van

getallen, oftewel met de uitleg van hun betekenis. Het spirituele rijk probeert door middel van deze getallensymboliek met mensen te communiceren. Vanwege mijn blessure, had ik genoeg tijd om voor deze fictieve communicatie open te staan.
Ik merkte dat ik me door de betekenissen van de getallen vaak rechtstreeks aangesproken voelde. Bijvoorbeeld omdat de uitleg van de betekenis me op dat moment geruststelling gaf.
Eerst leek de toepasselijkheid van de betekenissen louter toeval, daarna vond ik het mysterieus en later was ik er af en toe beduusd van. Zo wonderbaarlijk kwam het op mij over.
De eerste keer dat getallen mijn aandacht trokken, was in de kelder. Een geheimzinnig stemmetje in me zei: 'Kijk eens op de gasmeterstand'. Die stond toen precies op 055,222. En notabene overkwam me hetzelfde een poosje later weer. Toen gaf de meterstand 088,666 aan. Daarna begon het getal 44 op de vreemdste plekken op te duiken. Ik droomde er zelfs van. In mijn dromen deed ik bijvoorbeeld een keukenkastje open en zag dan aan de binnenkant heel groot het getal 44 staan. Ook werd ik 's nachts wakker en dan was het 4.40 of 0.44 op de wekker. Zo kan ik tig voorbeelden opnoemen dat het getal 44 achter elkaar heel opvallend bij me in beeld kwam. De symbolische betekenis van dit getal is heel geruststellend. Het geeft aan dat je gebeden verhoord zijn en dat de situatie waarin je verkeerd, goed zal komen. Er zitten echter 'mitsen en maren' aan, die inhouden dat je altijd om de hulp die je daarvoor nodig hebt moet vragen én dat je met geduld voor een antwoord open moet staan.
Ik kwam erachter dat de betekenis van getallen altijd

van positieve aard zijn. Hierdoor kunnen ze een gunstig psychologisch effect veroorzaken. Zo kan je door de numerologie worden aangemoedigd, hetgeen je kracht en moed geeft óf het kan een steuntje in de rug zijn om positief te blijven denken.

Tijdens mijn blessureperiode bleef het niet alleen bij het zien van opmerkelijke getallen.
Er begonnen me steeds meer toevalligheden op te vallen die door de tijd heen met elkaar te maken leken te hebben.
Omdat ik vanwege mijn dyslexie niet graag lees, had ik om me tijdens mijn blessureperiode wat te vermaken, bij de schuifpui naar de tuin een luie stoel neergezet. Zo kon ik op mijn gemak naar buiten turen en mijn gedachten laten afdwalen naar 'de goede en slechte tijden' uit mijn leven.
Op een dag brachten die levensherinneringen mij terug naar de schoolbanken. Naar de periode waarin je voor je 'eindexamen Nederlands' tien boeken moest lezen, en je keuzes op een boekenlijst moest plaatsen. Een kriem voor iemand met dyslexie.
Voor het mondelinge eindexamen had ik een plannetje gesmeed, want wie niet sterk is (in dit geval in lezen), moet slim zijn. Op de boekenlijst plaatste ik heel doordacht een gedichtenbundel van M. Vasalis, 'de Vogel Phoenix' genaamd, waarvan ik zeker wist dat niemand die op zijn lijst zou hebben staan. Door deze slimme truc toe te passen, kon ik er zeker van zijn dat ik over de diepzinnige inhoud van deze unieke keuze ondervraagd zou worden. Ik verzamelde alle achtergrondinformatie die over de gedichtenbundel te vinden was. Van de overige boeken op mijn lijst las ik

alleen de uittreksels. In die tijd hadden we nog geen internet. Daarom was het een fijne bijkomstigheid dat mijn oudere zussen, die mij in de schoolbanken waren voorgegaan, dienstdeden als aanvullende bron van informatie. Gemak dient de mens, zullen we maar zeggen.

In de loop van het examenjaar had de leraar Nederlands verteld dat het vrijwel onmogelijk zou zijn om een 9 te scoren op het mondeling examen. Van een 10 kon sowieso nooit sprake zijn, dan zou je hem iets moeten vertellen wat hij nog niet wist, en dat was volgens hem absoluut onmogelijk.

Het interesseerde mij niet wat voor een cijfer ik zou scoren. Hoofdzaak was dat ik zou slagen, en niet door de mand zou vallen vanwege het feit dat ik geen één boek noch de gedichtenbundel had gelezen.

Op de dag van het examen verschenen er aan de andere kant van de desk twee leraren voor mij. Mijn gewiekste tactiek bleek goud waard. De vragen gingen, op één na, allemaal over de Vogel Phoenix. Het uiteindelijk resultaat: een 10! Bij de bekendmaking van het cijfer werd ik door de leraar met lof toegesproken. Wat streelde dat mijn ego. Ik was zo ontzettend trots op mezelf en ik voelde me zó slim!

Zo had ik mijn leeshandicap in iets wonderbaarlijks omgetoverd.

Toen deze schitterende herinnering in mijn gedachte bovenkwam, stak er een gevoel van euforie de kop op. Opgewonden pakte ik mijn telefoon om een afbeelding van de vogel Phoenix te zoeken die destijds dit groots succes had veroorzaakt. Ik was namelijk nieuwsgierig hoe dat fabeldier, dat alleen in sprookjes en mythen voorkomt, eruit zou zien, want daar was mij niets meer van bijgebleven. Daarom googelde ik: 'afbeelding vogel Phoenix'. Ik kon mijn ogen niet geloven! Ik zag een stripfiguurafbeelding van de Phoenix, die precies leek op het gevederd schepsel dat op de bar in de garage stond, oftewel de vogel die de oorzaak was van mijn horreur. Deze vogel had ook vlammende vleugels, een snavel die bijna groter was dan z'n kop en dezelfde glimmende oogbollen waarmee gelijktijdig naar voor en achter gekeken kan worden.

De overweldigende euforie die door mijn succeservaring met deze vogel omhoog was gekomen, versloeg radicaal al mijn akelige gevoelens.

De verklaring hiervoor schijnt te zijn dat aan mijn schrikbeeld van de vogel een uiterst vreugdevolle gebeurtenis werd gekoppeld. Hierdoor nam de positieve emotie de plaats in van de negatieve angstgevoelens. Op het internet las ik dat dit een soortgelijk effect heeft als bij een traumatherapie die door de psychologie wordt onderschreven.

Het kan geen toeval zijn dat deze psychotherapeutische werking, ná mijn smeekbede om me te helpen met het bestrijden van mijn angst, door deze merkwaardige samenloop van omstandigheden spontaan optrad.

Nadat ik op deze buitengewone manier van mijn bezetenheid bevrijd was, wakkerde mijn verlangen aan om mijn spirituele ervaringen met de buitenwereld te delen. Daarom deed ik een paar dagen later, toen ik nog steeds ziek thuis zat, de kaartreading waarover ik in de inleiding sprak en waarin ik vroeg of ik ooit een boek zou schrijven.

HOOFDSTUK 5

Na de droom over mijn vaderzaliger die mij van bovenaf moed insprak met betrekking tot het schrijven van dit boek, volgde vlak daarna, zoals mij in een vaag bewustzijn eerder werd voorspeld, weer een eigenaardige droom.
Ik droomde dat ik me in de cockpit van een vliegtuig bevond dat aan het taxiën was. Vandaaruit zag ik op de landingsbaan een man voor het vliegtuig staan zwaaien. In iedere hand had hij een vlag waarmee hij aanwijzingen gaf om het vliegtuig naar zijn standplaats te begeleiden.
Nu lijkt dit op zich niets bijzonders, maar dat was het voor mij wel. De persoon die midden op de landingsbaan stond, deed me namelijk denken aan de man die ik 30 jaar geleden tijdens een 'bijna dood ervaring' heb ontmoet. Ik zal hem nooit meer vergeten. Hij was niet zo groot, hij had donker haar en droeg een sportief colbert. Zijn keurige ringbaardje gaf hem een vertrouwde uitstraling.
Deze inspirerende droom bracht me op het idee om deze vreeswekkende belevenis, waarin ik oog in oog stond met 'Magere Hein', te onthullen.
Het gebeurde in 1989 toen ik met 'Paps', de vader van mijn toen nog ongeboren kinderen, op skivakantie ging. We gingen wel vaker skiën, maar dit keer wilde Paps graag met het vliegtuig. Een hele uitdaging, want we waren nog nooit met het vliegtuig op vakantie geweest.
We hadden een optie genomen op vliegtickets voor 5 maart met de KL 321 van Amsterdam naar Geneve Airport in Zwitserland.

Meteen nadat we de optie op die vlucht hadden genomen, borrelde er een vervelend gevoel in me naar boven. Een stemmetje in me zei dat er iets niet pluis was. Een ander stemmetje zei: 'Logisch dat je bang bent. Het is de angst voor het onbekende. Gewoon even doorzetten'.
Paps zei ook dat ik niet bang moest zijn. Hij vond het geweldig om te gaan vliegen. En omdat ik de pret niet wilde vergallen, hield ik verder mijn mond. Maar hoe dapper ik probeerde te zijn, de twijfel en angst hielden mij in hun greep. Ik begon zelfs akelig over de reis te dromen: Staartje, onze poes, zat bij mij op schoot in het vliegtuig. In een flits droomde ik dat we gingen landen en dat er iets vreselijk misging. Staartje rukte zich in paniek los. Ze vloog over de stoelen heen en verdween, en op dat moment mijn droom ook.
Het werd 5 maart 1989. De grote dag was aangebroken. Vroeg in de ochtend reden we met de auto naar Schiphol, nietsvermoedend dat deze dag me de rest van mijn leven bij zou blijven.
Vanaf de gate zagen we ons vliegtuig staan. Paps zei verheugd: 'Hé, wat gaaf zeg. Dat is de nieuwe Fokker 100 die net deze week voor het eerst aan de gang is'.
De kranten stonden er vol mee. Het was de nieuwste aanwinst van KLM! Maar zo gaaf als Paps dat vond, vond ik dat helemaal niet. Ik had meteen mijn bedenkingen over zo'n spiksplinternieuw vliegtuig, zoals bijvoorbeeld mogelijke kinderziektes.
Maar dit keer kon ik mijn angst redelijk in toom houden door te denken: niets aan het handje. Het is de eerste keer dat ik vlieg en dan ben je nu eenmaal extra op je hoede.
Vol goede moed stapte ik het vliegtuig in. Niets zou

mij ervan weerhouden om met volle teugen te gaan genieten.
Toen ik eenmaal dapper naast Paps aan het raam had plaatsgenomen, werd er omgeroepen dat het vliegtuig extra tijd nodig had voor het zou vertrekken. 'Oh lieve deugd, wat zou er dan zijn?' vroeg ik me meteen paniekerig af. Maar gelukkig, mijn 'stalen' zenuwen werden niet langer op de proef gesteld, want vrij snel daarna vertrok het vliegtuig naar Geneve. Maar van 'eind goed al goed' was in dit geval geen sprake. Bij de landing ging het finaal mis.
Er klonk een oorverdovende klap toen het vliegtuig de grond raakte, en het hoofdlandingsgestel met geweld afbrak. Terwijl Paps z'n gelaat lijkbleek werd, pakte hij mijn hand vast. 'Dit gaat niet goed,' waren zijn enige woorden.
Uit het raam zagen we de linkervleugel over de landingsbaan heen schieten waar de vonken vanaf sloegen. Het staat me nog bij dat het een fractie van een seconde doodstil was in de cabine, waarna vervolgens de hel losbarstte. Er werd geschreeuwd en gegild: 'Het vliegtuig ontploft, het ontploft!'
Het enige wat ik nog kon bedenken was: zou dit ons einde betekenen, zou ons leven hier stoppen? Dit kan toch niet écht waar zijn. Dit droom ik toch zeker?
Er was een dikke man in de rij naast ons die met de doodsangst in zijn ogen, mij bewust maakte van de werkelijkheid. Als een wild dier probeerde hij over de stoelen en leunbanken heen te komen, terwijl er zelfs nog een kind opzat.
Ineens voelde de dood zo dichtbij. Het was zo bizar. Even voelde ik me totaal in mezelf gekeerd alsof de verbinding met de wereld was verbroken.

Ondanks de enorme paniek en het helse geschreeuw, stond ik ineens oog in oog met een man die mij rustig aansprak. Met een zijwaartse blik richting de gillende mensen schudde hij afkeurend met zijn hoofd heen weer, alsof hij daarmee zeggen wilde dat hij dat gekrijs over ontploffen wat overdreven vond.
'Ontploffen…!?' vroeg ik hem beangstigend. Heel beheerst antwoordde hij op een vastberaden toon: 'Het vliegtuig kan inderdaad ontploffen, maar dat gaat niet gebeuren. Wees maar niet bang, blijf maar gewoon kalm'. Ondanks dat ik op dat moment in een soort van roes verkeerde, herinner ik me zijn berustende woorden nog precies.
Toen alle mensen zich bij de nooduitgang verdrongen waar je door middel van een glijbaan het toestel kon verlaten, gaf de man mij aanwijzingen om de andere exit boven de op de grond geslagen vleugel te nemen. Die nooduitgang, waar we vlak naast zaten, stond opeens open. Later hoorde ik pas dat de kerosine onder de vleugels is opgeslagen. Dat zal de reden zijn geweest dat de man zei dat ik zo snel mogelijk moest gaan rennen tot achter de brandweerauto's, die inmiddels met loeiende sirenes bij het vliegtuig waren aangekomen. Op mijn hoge hakken ben ik de op de grond geslagen vleugel afgeklommen. Ook al heb ik alles in een roes beleefd, ik herinner me nog dat ik vervolgens als een gek ben gaan rennen.
Die rustige meneer met dat zwarte ringbaardje, heb ik niet meer gezien. Zelfs niet bij het uitreiken van de in het vliegtuig achtergebleven handbagage. Hij was zomaar verdwenen.
Toen ik het er later met Paps over had, wist hij niet welke man ik bedoelde. Ik heb me daarom weleens

afgevraagd of die man, die zich zo liefdevol over mij ontfermde, er überhaupt wel geweest was. Misschien heb ik het me wel verbeeld, want vanwege de luidruchtige paniek in het toestel zou ik hem immers helemaal niet hebben kunnen verstaan.

Ik begrijp dat deze conclusie een beetje vaag klinkt. Maar op het meest kritieke moment in mijn leven werd ik in ieder geval wel gerustgesteld. Daarom is het beeld van deze onbekende man, me altijd bijgebleven als mijn 'Guardian angel', oftewel mijn beschermengel. Nu zal je vast denken dat ik naderhand niet meer in een vliegtuig heb durven stappen. Dat was de eerste jaren na de crash inderdaad het geval. Na het ongeval in Geneve hebben we het vliegtuig niet teruggenomen, maar zijn we met de trein naar huis gekomen. Ik had geen zin om de vakantie te bederven door tegen de vliegreis op te zien.

Pas toen mijn wilskracht het van de angst won zijn we de 'ijzeren vogel' weer ingestapt. Het geval was dat mijn zusje naar Californië ging emigreren, en als je iemand in Amerika wilt bezoeken heb je qua vervoermiddel niet zoveel keus. Om over onze angst heen te komen zijn we begonnen met oefenvluchtjes die ons niet meteen zo ver wegbrachten.

In het begin nam ik voor het instappen altijd wat verdovende middeltjes, maar op een gegeven moment ben ik daarmee gestopt. Ik ontdekte door een heel voor de hand liggend voorbeeld dat ik mezelf in de maling zat te nemen met al die versuffende pillen. Het was namelijk zo, dat we ieder jaar naar hetzelfde bergoord in Zwitserland gingen skiën. Een paar weken voordat we weer naar dat bergdorp toe gingen, is daar een nieuwe skilift naar beneden komen zeilen. Bij dat ongeluk was

een dode te betreuren.
Ik heb er nooit bij stilgestaan dat zoiets weer kon gebeuren. Skiën was op die leeftijd mijn lust en mijn leven. De vreugde die de sneeuwpret opleverde won het van akelige gevoelens.
Maar dat skiliftongeval heeft toch iets bij mij wakker geschud. Een stemmetje zei: 'Het zijn puur je gedachten die met je aan de haal gaan waardoor je in het vliegtuig in de piepzak zit. Je durft wel in een skilift of in een auto, maar in een vliegtuig zitten vind je eng, terwijl dat één van de veiligste vervoermiddelen ter wereld is'.
Vanwege dit inzicht stapte ik voortaan nuchter, zonder enig pilletje het vliegtuig in.
Als beloning voor mijn moed krijg ik na iedere landing een adrenaline kick en beleef ik het moment van overwinning van mijn angst, als een heerlijk sensationeel gevoel.

Wilskracht kan dus een wapen zijn om de vijand die 'Angst' heet te verslaan. Dat bleek toen mijn wens om naar mijn zus in America te gaan, het won van de vliegangst.
Maar angst hoeft natuurlijk niet altijd een vijand te zijn. Het kan je waarschuwen voor reëel gevaar.
Dat ondervond ik tijdens de herstelperiode na mijn val in de trein, toen ik weer wat conditie moest gaan opbouwen. Met Unox liep ik op een grauwe doordeweekse dag een rondje door het bos. Vlak voordat ik het donkere gat van een treintunneltje naar binnen wilde lopen, schoot me opeens de gedachte door mijn hoofd dat als ik in het duistere tunneltje zou zijn er een trein overheen zou denderen. En laat dat ook

gebeuren. Anders valt het me nooit op als er een trein overheen raast, want dat is heel normaal. Maar door mijn gedachte dat het zou gebeuren, besefte ik het me. Ik werd opeens doodsbang. Met een hevig bonzend hart probeerde ik de tunnel te ontvluchten. Eenmaal buitengekomen, griezelde ik het uit. Door de wedergekeerde stilte, voelde ik me opeens zo eenzaam en kwetsbaar in het verlaten bos.

Verdikkeme, dacht ik ontdaan, op oudejaarsdag kreeg ik een teken dat ik geholpen zou worden met de bestrijding van mijn spookwaanzin, maar nu komt er een andere waanangst in sneltreinvaart voor in de plaats. En als de angst nu terecht was, zou ik dat nog kunnen begrijpen, maar hier was helemaal geen sprake van een alarmerende situatie. De trein kon immers helemaal geen kwaad.

Daarom deed ik de navolgende keer, toen ik weer van plan was het tunneltje door te gaan, snel een schietgebedje met de woorden: ‘Laat mij dapper en moedig zijn!’ Maar in plaats van dapper en moedig te zijn, werd ik banger en banger. Ik durfde zelfs niet meer verder. Mijn angst als waarschuwingssysteem leek totaal van slag, want waarom was ik opeens zo bang? Maar een paar dagen later besefte ik me dat er onder die irreëele angst een gegronde angst schuilging, waardoor ik wel degelijk werd gewaarschuwd voor mogelijk gevaar. Tot die ontdekking kwam ik, toen ik ‘s morgens wakker werd en ik een krabbel op mijn nachtkastje zag liggen die ik ’s nachts vanuit een vaag bewustzijn geschreven had. De naam ‘Anne F.’ stond erop. Wat deze naam op het briefje te betekenen had, snapte ik niet meteen. De waarschuwingstip had even de tijd nodig om bij me in te dalen. Maar na het ophalen van wat ge-

relateerde jeugdherinneringen viel het kwartje bij me. Toen ik vroeger in mijn jonge jaren nog in Soest woonde, fietste ik na schooltijd vaak in mijn eentje op mijn racebike een toertje door de bossen rond Lage Vuursche. Omdat ik daar veel plezier en voldoening uitputte, had ik er nooit bij stil gestaan dat daar gevaar in zou kunnen schuilen. Mijn stalen ros gaf mij bovendien een veilig gevoel, waardoor ik dacht iedereen te snel af te zijn.
Maar een poos geleden is een ritje op de fiets door diezelfde bossen een jonge vrouw, wiens naam op mijn notitieblokje stond, fataal geworden. Zij werd daar op gewelddadige wijze overmeesterd door een geesteszieke persoon.
Dit nieuwsbericht heeft mij toen ontzettend aangegrepen. Zij fietste in de bossen nabij Soest, Den Dolder en Lage Vuursche, precies daar waar ik vroeger ook mijn fietsrondjes deed. De stille hint, in de vorm van de naam van het slachtoffer die ik tijdens mijn slaap kreeg ingegeven en op mijn notitieblokje had genoteerd, deed me tot inzien komen dat angst die je in een afgelegen tunneltje in een uitgestorven bos hebt, wel degelijk een seintje is dat je kan waarschuwen voor reëel gevaar.

HOOFDSTUK 6

Ondertussen was ik van mijn val in de trein fysiek opgeknapt en moest ik mijn werkzaamheden in Luxemburg hervatten. Normaal is de herstelperiode voor zo'n fysieke blessure veel korter, maar door mijn emotionele rollercoaster had het veel langer in beslag genomen. Ik zag er tegenop om weer te beginnen, want de langere tijdsduur die ik voor mijn herstel had gebruikt, wilde ik aan niemand verklaren. Bij terugkomst zou ik me hierdoor geen houding weten te geven, en die gedachte benauwde me. Vroeg in de ochtend toen ik weer moest gaan beginnen, vroeg ik aan de engelen om me hierbij te helpen. Nog geen half uur later kreeg ik de gedachte door een taart te kopen. Opgewekt van het goede idee, reed ik langs de banketbakker. Maar helaas waren er geen taarten, want die moest je van tevoren bestellen. Toevallig was er net een bestelbusje gearriveerd. De chauffeur die het verhaal had meegekregen, zei dat er in de banketfabriek elders in het land wel taarten lagen die ik kon ophalen. Omdat de weg ernaar toe moeilijk was uit te leggen, stelde hij voor dat ik achter hem aan kon rijden. Terwijl ik het busje, dat de sokken er goed in had, door het Luxemburgse heuvelland volgde, dacht ik: zullen de engelen me nu hier zien gaan?
De tocht naar de fabriek kostte wat inspanning, maar eenmaal aangekomen werd mijn moeite beloond. In de vitrine straalde deze taart me toe.

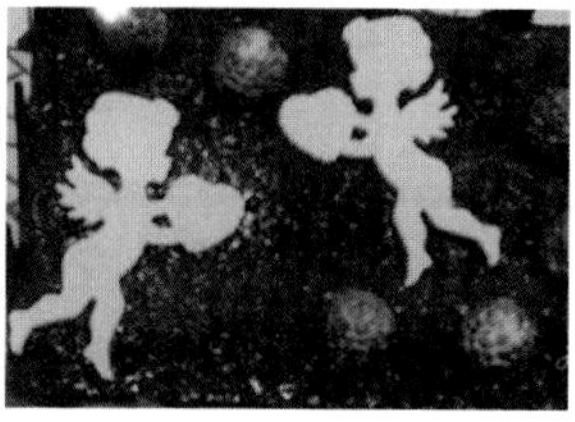

Ik kon mijn ogen niet geloven. Wat een betekenisvol toeval! Opgewonden van blijdschap door deze verrassende afloop, sprong ik met de taarten de auto in en kwam even later dolenthousiast op kantoor aan.

Maar met mijn vrolijkheid had ik mijn ware emoties verbloemd, want ik was nog steeds niet in orde. Vooral autorijden vond ik heel beangstigend.
Er spookten continu piekergedachten door mijn hoofd: stel je voor dat ik weer zo'n uitval zou krijgen zoals ik in de trein had, maar dan tijdens het autorijden. Bij die gedachte brak het zweet me uit. De toedracht van mijn val was nooit duidelijk geworden. Ik had even mijn bewustzijn verloren, maar geen schrammetje aan mijn hoofd gehad. Daarom had ik achteraf de conclusie getrokken dat de val het gevolg moet zijn geweest van mijn bewustzijnsverlies.
Deze onzekerheid bezorgde me concentratieproblemen. Omdat ik hierdoor tijdens mijn werk niet optimaal kon functioneren, werd mij aangeraden om thuis te blijven. Maar dat was niet zo'n gemakkelijke oplossing als je in eerste instantie zou denken. Door thuis te blijven, zou ik toegeven aan mijn angsten, en zou ik misschien wel nooit meer auto durven rijden.
Mijn mentale instabiliteit, in combinatie met het gevoel niet begrepen te worden, maakte ongenoegen bij mij los. In zo'n gemoedstoestand laat ik me snel verleiden tot ironische uitspraken. Dat lucht tijdelijk lekker op, maar ondertussen leggen ze een kiem waar een conflict op de werkvloer uit zou kunnen groeien. En dat gebeurde ook. De strubbelingen vervielen van kwaad tot erger. Tot een droom mij een halt toe riep. In die droom bevond ik me in het bos aan de rand

van een open vlakte die eruitzag als een slagveld van omgekapte bomen en afgeknotte stronken. Het leek alsof er oorlog was geweest. In het midden van de kaalslag zag ik een wapperende, witte vlag die aan een in het zand gestoken stok hing. Er stond een statige man naast voor wie de vlag bestemd was. Vanaf een afstandje sloeg ik zijn reactie gade en ik zag dat hij de vlag glunderend in ontvangst nam.
Het beeld van de witte vlag die in het midden van een uiterst grauw decor hing te wapperen, kon ik niet loslaten. Op het internet las ik dat een witte vlag symbool staat voor overgave en vrede. Dat juist dit symbool in mijn droom verscheen op het moment dat ik in een conflict verwikkeld zat, kon geen toeval zijn.
Na een paar dagen van overpeinzing zag ik echter niet in dat ik iets verkeerds zou hebben gedaan, en voelde ik me niet geroepen om de schuld van de onenigheid in mijn eigen gebrekenlijst te gaan zoeken.
Tot er een paar dagen later iets gebeurde dat me wederom aan het denken zette. Op het kladblokje naast mijn bed waar ik in de nacht, wel of niet bewust, soms ingevingen opschrijf, had ik met hanenpoten geschreven: 'Wat gij niet wilt dat u geschiedt doe dat ook een ander niet'.
Ik vroeg me af of deze spreuk misschien uit mijn geweten zou komen, die goed en kwaad van elkaar scheidt. Zou ik dan toch iets op mijn kerfstok hebben?
Diezelfde dag las ik 'toevallig' in de krant een artikel waarin de kenmerken van sneaky pestgedrag werden uiteengezet. Bij deze vorm van pesten doet de pester alsof er niets aan de hand is. Deze informatie maakte iets in me los. Ironie kan je ook zien als een sneaky vorm van pesten. Het is een uiting van bedekte spot.

Ik weet van mezelf dat ik mijn ongenoegens op ironische wijze kan uitten die ik gepaard laat gaan met een denigrerende toonzetting. Het is een arrogante benaderingswijze waar niemand op zit te wachten.
En zo vuurde mijn geweten een waarschuwingssein op me af, dat me liet beseffen dat ik mijn houding moest veranderen. Ik wil immers zelf ook niet op een spottende manier met een denigrerende toon door iemand benaderd worden.
De spreuk op het kladblokje: 'Wat gij niet wilt dat u geschiedt doe dat ook een ander niet,' had me wakker geschut. Daardoor had ik mijn oog bij mezelf naar binnen gericht en mijn gedrag onder de loep genomen.
En zo begreep ik dat de hint op het notitieblokje erop doelde dat ik de ironieknop uit moest zetten. Maar om nu meteen aan te komen wapperen met een witte vlag om het conflict bij te leggen, ging me te ver en zag ik vooralsnog niet zitten. Bovendien verscheen het getal 444 opvallend vaak in mijn blikveld. Dit is volgens de getallensymboliek een geruststellend teken, dat betekent dat je niets te vrezen hebt. Daardoor gaf het herhalend zien van nummer 444 me het gevoel dat het conflict hoe dan ook goed zou komen. Ik besloot het los te laten en rustig af te wachten welke wijsheid me ingegeven zou worden.
Een paar dagen verstreken. Toen ik op een zondagochtend heel ontspannen in een ligstoel van het voorjaarszonnetje lag te genieten, kreeg ik opeens een spontane ingeving: laat ik op zoek gaan naar een stokje om een vlag aan te hangen. Dat idee volgde ik direct op en liep zonder na te denken de garage in. Op de werkbank lag een zwarte plantenprikker voor het grijpen. Het had een punt om in de grond te steken en aan de boven-

kant zat een stop. Het voldeed precies aan de eisen om dienst te doen als vlaggenstok. Op de bar lag een lege, plastic ijscoupe met een dekseltje die me deed herinneren aan een gezellig verjaardagsfeestje van een poos geleden.
Omdat de ijscoupe er chic uitzag, had ik die afgewassen en bewaard met het idee om die misschien nog eens te kunnen gebruiken. De plantenprikker, oftewel de vlaggenstok, kon ik met de punt door het dekseltje in de ijscoupe steken. Terwijl ik bezig was om dat in elkaar te prutsen, vroeg Pé belangstellend wat ik achter de bar aan het doen was. 'Niets bijzonders,' zei ik stiekem, en ik vluchtte het huis in om mijn bezigheden zonder bemoeienis van derden te kunnen vervolgen. In de inloopkast lag een schone, witte zakdoek op de grond, die waarschijnlijk na het hardlopen uit de zak van mijn sportbroek was gevallen. Dat kwam mooi uit, want met de punt van de vlaggenstok kon ik de zakdoek er aanrijgen en vervolgens de punt door het dekseltje in de ijscoupebeker steken. Op een plank stond een klein engeltje voor het grijpen dat ik de dag ervoor had gekocht. Dit beeldje kon ik mooi als decoratie in de beker gebruiken.
Zo had ik in een paar minuten het perfecte vredessymbool gecreëerd. Alle ingrediënten voor het kunstwerk had ik gevonden, zonder te zoeken. Het zag er heel origineel uit. Dit had ik zelf nooit zo kunnen verzinnen. Ik vroeg me dan ook af welke creatieve kracht mij hiertoe gedreven had.
Maar een dag later had ik meteen alweer mijn twijfels. Aan de ene kant was ik trots op mijn zelfgemaakte vredescreatie, terwijl aan de andere kant een stemmetje in me zei dat het een bespottelijk idee was, wat nergens

op sloeg. Daarom raakte ik in tweestrijd of ik het wel of niet zou aanbieden. Ik besloot het aan een ingeving over te laten, dan zou het vanzelf wel goedkomen.
Op de dag waarop de overdracht mogelijk zou plaatsvinden, nam ik 's morgensvroeg tijdens een kop koffie de krant door, waarna ik snel in de auto sprong. In het weekend had ik mezelf op de zoveelste cd van Frans Bauer getrakteerd en ik verheugde me erop om deze tijdens mijn autorit te gaan luisteren. Ineens betrapte ik me erop dat ik uit volle borst meezong met een liedje van de cd: 'Heb je even voor mij? Maak wat tijd voor me vrij'.
Wat een duidelijk teken. Er was geen twijfel meer mogelijk, ik moest mijn zelfgemaakte creatuur persoonlijk gaan aanbieden. Op deze manier kwam de ingeving bij me binnen door middel van een liedje. Antwoorden uit je intuïtie kun je dus blijkbaar ook krijgen via iets wat je hoort of ziet. En dat intuïtie je ook kan toespreken door middel van materie om je heen, bewijst het door mijzelf in elkaar gezette kunstwerkje dat door de ontvanger, net zoals in mijn droom, glunderend werd aanvaard.
Na mijn intuïtieve vredesmissie had ik een week later alweer een terugval. Dat gebeurde aan het einde van de werkweek, toen ik commentaar te verduren kreeg en daardoor in een rot bui belandde. Tijdens die ellendige stemming dook dat negatieve stemmetje weer in me op dat zei dat ik 'de witte vlag van overgave' nooit had moeten aanbieden.
Na een poosje was het tijd om het weekend tegemoet te gaan. Gedesillusioneerd vertrok ik met de ziel onder de arm vanuit Luxemburg op weg richting Pé in Nederland.

Maar dat een stinkende bus, die ook nog eens brutaal voorrang op me nam, in een ommezwaai mijn negatieve bui in een optimale stemming kon veranderen, had ik van tevoren niet kunnen bedenken.

Op de route tussen het Moezelland en Echternach moest ik opeens uitwijken. Door stevig op de remmen te gaan staan, kon een confrontatie met een lange harmonicabus, die zich van links komend voordrong, worden vermeden. Met weinig engelengeduld en des temeer duivels gemopper vervolgde ik mijn weg achter de bus aan. Achter op de bus wapperde een doek waarop heel groot het nummer van de lijndienst stond aangegeven. Het was een slordig aangezicht, waardoor mijn irritatie groeide.

Eindelijk naderden we een t-splitsing. De richtingaanwijzer gaf aan dat de bus linksaf wilde zwaaien, mijn vierwieler zou daarentegen rechtsaf slaan. Wat een geluk! Bevrijd van emoties haalde ik opgelucht adem. Terwijl het stinkend brok naar links afzwaaide, drong langzaam het met koeienletters geschreven nummer 414 tot me door, dat op het laken achter op de bus stond.

Het getal 414 is een cijfercombinatie die volgens de numerologie een speciale betekenis heeft. De combinatie van enen met vieren zou volgens deze getallensymboliek een engelenteken zijn dat laat weten dat de engelen me willen proberen te helpen bij het bereiken van mijn doel. En mijn doel is het schrijven van dit spirituele boek.

Het zien van de cijfercombinatie 414 was dan ook een klein teken van grootse waarde. Al mijn nukken van de dag waren vergeten. Wat maakte dat me blij!

En zo werd een brok van ergernis in een ommezwaai

een bron van vreugde.
Maar die avond kwam alweer twijfel bij me bovendrijven. Het zien van zo'n getallencombinatie moet zich volgens het principe van de numerologie minstens nog een keer in korte tijd herhalen, want anders zou het verschijnen van het getal gewoon toeval kunnen zijn. Voor het slapengaan deed ik een schietgebedje waarin ik vroeg om me de vieren en enen combinatie nog eens opvallend te laten zien als deze daadwerkelijk betekenis zou hebben. Vervolgens liet ik het los, en probeerde rustig te gaan slapen. Engelentekens komen altijd op een onverwacht moment.
Die nacht klonk er door mijn hoofd: kijk eens op de wekker. Onbewust draaide ik me om richting het uurwerk. Het was **4.14** uur.
In één klap schrok ik klaarwakker. Dit 'toeval' voelde akelig aan, omdat het leek alsof ik rechtstreeks met magie werd geconfronteerd. Hierdoor kon ik van opwinding niet meer slapen. Ontspanningstherapie zoals zelfhypnose of mediteren is dan een uitkomst. Dit zijn methodes waarmee je de radio in je hoofd uitzet die continu gedachten uitzendt. Deze therapie is zo relaxed dat je vaak vanzelf weer onder zeil gaat.
Nadat ik van de ergste schrik door het mysterieuze getal 4.14 op de wekker was bijgekomen, ging ik door middel van deze ontspanningstherapie proberen weer in slaap te vallen. Ik legde mijn armen in horizontale houding naast me neer, haalde rustig adem door mijn neus en voelde de lucht tot onder in mijn buik gaan. Na me een poosje op mijn ademhaling te hebben geconcentreerd, begon mijn lichaam zwaar aan te voelen. Ik kreeg het gevoel alsof mijn lijf in het matras werd gedrukt, waarbij ik tegelijkertijd kriebelige tintelingen

in handen en voeten voelde.
Toen ik eenmaal volledig ontspannen was, ging ik in gedachte naar een plek waar ik het fijn vind om te vertoeven. Dat is in het Alpenland van Zwitserland. Ik zag een prachtige gletsjer voor me, die zich met zijn lange grillige tong tussen de bergketens uitstrekt richting de in de verte gelegen Matterhorn. Deze majestueuze berg prijkt als een verhevenheid uit boven de massieve gebergtes met hun sprookjesachtige, besneeuwde toppen. Terwijl ik visualiseerde dat ik me op een alpenweide in dit schilderachtige landschap bevond, snoof ik bij iedere inademing - in mijn veronderstelling - de alpengeuren op. In mijn gedachte hoorde ik op de achtergrond koeienbellen klinken, waarna de echo's in de stilte wegstierven. Dit was het moment waarop mijn gedachtewereld werd uitgeschakeld. Wat voelde ik mij in een paradijs van zaligheid! In deze rust verzeilde ik in dromenland.
Met lichtstoten gepaard opende zich een droom waarin het beeld zichtbaar werd van de fleurige alpenweide, waar ik tijdens mijn adem- en ontspanningstherapie in lag. Ik zag bont geschilderde mormeldiertjes die net als tuinbeeldjes keurig op de rotsachtige stenen stonden. Een berggeitje met speelse hoorntjes op zijn wollige bolletje keek rustig mijn kant uit. Het was een vredelievend plaatje.
Maar toen veranderde het lieflijk tafereel ineens in iets angstaanjagends. Tussen de rotsen lag een afstotelijke grauwgrijze slang verscholen in de schaduw. Geen addertje, maar qua grootte iets in de trant van het Disneyfiguur KA, de slang uit 'Jungle Boek'. Toen ik in mijn droom de situatie beter wilde gaan bekijken, ging in één klap het licht uit, waardoor sidderende gedach-

ten me in mijn ontwakend bewustzijn overmeesterden. Dit was helemaal niet leuk! Maar wat zou de betekenis van deze droom zijn? Dit moest wel symbolisch zijn, want er zitten helemaal geen slangen zoals KA in het Alpengebied van Zwitserland.
Een paar dagen en nachten gingen voorbij waarin ik niet begreep wat de boodschap van deze droom zou kunnen zijn, tot ik vanuit mijn onderbewustzijn een aanwijzing kreeg. Op een ochtend stond op het kladblokje naast mijn bed wederom iets geschreven. En aan het belabberde handschrift te zien, moet de staat van mijn bewustzijn verre van optimaal zijn geweest. 'Appel' was, voor zover ik het kon ontcijferen, de geschreven aanwijzing.
Pas dagen later kwam ik er na veel gepeins achter dat de op paranormale wijze ontvangen hint 'Appel', te maken moest hebben met de slang die zich in mijn droom verscholen hield. Ik legde de link met mijn herinnering aan het Kinderbijbelverhaal van Adam en Eva in de Hof van Eden. In dat paradijs werd Eva verleid tot het kwaad door een slang die haar 'de verboden vrucht' liet eten. In mijn kleuterjaren stelde ik me als deze verboden vrucht een appel voor. Volgens het Bijbelverhaal zou zich in die listige slang de duivel schuilhouden.
De vergelijking van dit verhaal met mijn droom was frappant. Mijn droom speelde zich ook in een paradijselijk oord af, tot deze werd onderbroken door een akelige slang.
De boodschap uit mijn droom werd me duidelijk: Tijdens de reis om mijn levensdoel te bereiken, zal deze slang, genaamd KA, als de verleider tot het kwaad en de verderver van geluk, aan de schaduwkant op de loer liggen.

HOOFDSTUK 7

Als de orakelkaarten dit boek niet zouden hebben voorspeld, was ik allang gestopt met schrijven. Sterker nog: ik was er helemaal niet aan begonnen.
Dit heeft alles te maken met een innerlijke strijd tussen ego en intuïtie. Aan de ene kant twijfel ik aan mijn capaciteiten waardoor ik bang ben dat ik mijn wens om een boek te schrijven niet in vervulling kan laten gaan, aan de andere kant geeft een intuïtief gevoel, dat ik met mijn verstand niet kan verklaren, herhalend aan dat een boek schrijven helemaal mijn ding is en ik daarvoor genoeg doorzettingsvermogen heb.
Om deze twee tegenspelers in hun hoedanigheid te kunnen onderscheiden, wilde ik ze ieder een naam geven.
De eerste naam werd JY. Dit is de naam van mijn ego waaruit alle wispelturige stemmetjes, emoties en gedachten voortvloeien.
De naam JY heb ik niet zelf bedacht, althans niet met mijn bewuste verstand. Alle moeite en tijd ten spijt, lukte het me alsmaar niet om een toepasselijke naam voor mijn ego te vinden. De ene naam die ik verzon klonk kinderachtig, een andere was afgezaagd en geen van alle was krachtig genoeg voor mijn sterke persoonlijkheid. Daarom deed ik op een ochtend toen ik naar mijn auto liep om naar mijn werk te vertrekken een schietgebedje: 'Geef mij alstublieft een naam in die bij mijn persoon past en ik mijn ego kan geven. Het liefst vandaag of morgen nog'.
Met een schietgebedje probeer ik altijd mijn **intuïtieve kracht** te stimuleren om mij op die manier ingevingen en inzichten aan te dragen die in mijn onderbewustzijn

verstopt liggen. Overtuigd dat mijn gebed verhoord zou worden, reed ik verheugend de Nordstrooss bij Ettelbrück op richting Luxemburg-stad. Met goede zin en volop genietend van een cd met Love Songs vervolgde ik mijn weg. Plotsklap werd ik afgesneden door een auto die voor me langs glipte om de afslag Colmar Berg te kunnen nemen. Door op de rem te trappen, wist ik een aanrijding te voorkomen. Ik slaakte een zucht van verlichting die meteen werd opgevolgd door een kreet van verbazing: 'Lieve hemel, dit kan niet waar zijn!' Op de nummerplaat van de auto die mij de stuipen op het lijf had gejaagd, stonden vóór de cijfercombinatie, de letters JY. Dit zijn de voorletters van mijn voornamen Jeannette Y.

Wat een mysterieus toeval: ik vraag in een schietgebedje om me een naam in te geven die bij mijn persoon past en ik krijg nog geen tien minuten later klinkklaar het meest geschikte antwoord aangereikt door materie om me heen. De situatie leek wel in scène gezet, want als die auto me niet had afgesneden, zou me het kenteken JY zeer waarschijnlijk niet zijn opgevallen. Ik werd me er hierdoor van bewust dat dit geen toeval kon zijn, maar dat ik bij het vinden van de naam JY begeleid werd door een bovenaardse kracht.

Na dit voorval zette ik dolblij de weg richting mijn werk voort en voordat ik daar was gearriveerd, had ik de naam van de andere tegenspeler bedacht: IK, de afkorting van mijn Intuïtieve Kracht.

En zo zijn JY en IK ontstaan.

Een tijd later heeft mijn IK nog een diepere betekenis gekregen dan alleen maar Intuïtieve Kracht.

Het was op een zaterdagmorgen dat mijn aandacht werd getrokken door het televisieprogramma 'The Story of God' met als presentator c.q. voice-over, de legendarische Morgan Freeman. In de uitzending ging het erover dat iedereen zowel een engeltje als een duiveltje in zich heeft. Het engeltje staat symbool voor positieve energieën. Het duiveltje symboliseert daarentegen negatieve energieën zoals kwaad en verleiding.
In het programma werd uitgelegd hoe je het duiveltje in je kunt hanteren:
Ten eerste door het duiveltje in je te leren kennen, zodat je je bewust wordt van je ondeugden en ze daardoor kunt veranderen.
Ten tweede door negatieve gedachten in positieve gedachten om te zetten. Als je bijvoorbeeld blij bent, ben je niet ontvankelijk voor kwaad en verleiding. Daarentegen ben je door negatieve gedachten sneller tot kwaad in staat waardoor het duiveltje in je de overhand kan krijgen.
Toen ik na de uitzending hierover aan het filosoferen was, stelde ik vast dat ik het duiveltje, zonder me er bewust van te zijn geweest, inmiddels de naam KA had gegeven.
KA de slang als symbool van het kwaad en de verleider die in mijn droom in de schaduw op de loer lag.
Na het schrijven in mijn dagboek over dit inspirerende televisieprogramma, bladerde ik zoals gewoonlijk nog even terug en toen deed ik een magische ontdekking!
In mijn dagboek stond geschreven dat ik een tijdje geleden in de ochtend met mijn auto in het 'Moezeldal' reed. Met zoals altijd een muziekje aan, dat die keer waarschijnlijk mijn favoriete Panfluitmuziek zal zijn geweest, stond ik genietend hiervan voor een stoplicht

te wachten. Door mijn hoofd flitsten gedachten over het schrijven van mijn boek, en dat ik hierbij mijn Intuïtieve Kracht (IK) nodig zou hebben. In de veronderstelling dat ik die kracht ook zou krijgen, zei ik luid en duidelijk hardop: 'Ik reken op je hulp, **IK**!'
Precies op het moment dat ik dit zei, sjeesde er een auto aan me voorbij. Deze auto had als kentekennummer **1411**.
Meteen realiseerde ik me de magische waarneming; een combinatie van vieren en enen! Zoals ik al eerder schreef betekent deze getallencombinatie dat de engelen me willen proberen te helpen bij mijn levensdoel, oftewel het schrijven van dit boek.
Toen ik zei: 'Ik reken op je hulp **IK**,' kreeg ik meteen als antwoord: **1411**.
Wat bizar, want de betekenis van nummer 1411 was hier wel erg toepasselijk!
Na dit voorval tot me door te hebben laten dringen, verbond ik hieraan de conclusie dat mijn IK in verbinding staat met het engelenrijk, want deze perfecte timing kon natuurlijk geen toeval zijn.
Uit mijn dagboek bleek dat ik die dag had gevraagd om me nog een keer de cijfercombinatie 1411 te tonen. Het zien van zo'n getallencombinatie moet immers volgens het principe van de numerologie zich nog een keer herhalen. En nu volgt het ongeloof wekkende: in mijn dagboek stond dat ik diezelfde dag op de terugweg naar huis in volle vaart werd ingehaald door een auto met kenteken:

KA 1411

Wat een symbolische treffer, want dit zijn de symbolen

van twee spiritueel tegenstrijdige krachten, zoals 'The Story of God' die dualiteit al in het programma veronderstelde.
Dat is toch bijzonder. KA en 1411 die zich op één nummerplaat manifesteren:

Goed versus Kwaad

Door deze toevalstreffer kon ik de tegenstrijdige veroorzakers van mijn innerlijke strijd identificeren: het engeltje (gesymboliseerd door het cijfer 1411) dat mij wil proberen te helpen om mijn verlangen te manifesteren, en het duiveltje (in mijn droom symbolisch belichaamd in KA de slang) dat de dwarsligger is, oftewel de negatieve energie die me steeds angst inboezemt.
Uit het programma van 'The Story of God' had ik begrepen dat je het duiveltje in je kunt temmen door je bewust te worden van je schaduwkant en door negatieve gevoelens in positieve gevoelens om te zetten.
Om dit te verwezenlijken is het van belang dat je je denkwijze in positieve richting verandert én vervolgens controle houdt over je gedachten.
Maar dit is makkelijker gezegd dan gedaan, want voordat je het weet, word je meegesleurd in een negatieve gedachtestroom.
Om deze neerwaartse stroom vroegtijdig te kunnen onderbreken, had ik een lumineus idee bedacht: ik deed een schietgebedje waarin ik vroeg om mij een signaal te geven, zodra mijn gedachten de negatieve kant op schoten.
En dat lukte wonderwel! Het schietgebedje resulteerde in een hele trits van anekdotes waarvan ik er van een paar een beeldvorming zal geven.

Op de eerste ontvangst hoefde ik niet lang te wachten, want nog geen paar uur na de lancering van mijn gebedje vond het eerste signaal al plaats.
Met mijn hondje Unox was ik in het bos aan het joggen. Opeens struikelde ik over een tak die gedeeltelijk zwart verbrand was. Automatisch maakte ik een voorstelling over hoe die tak zo verbrand kon zijn. Ik kreeg een beeld voor ogen van opgeschoten kwajongens met wat lellebellen eromheen, die een vuurtje probeerden te stoken. Op het moment dat ik mijn irritaties over die onverantwoorde jongelui hardop uitleefde, in de trant van: misselijk tuig, dom volk enzovoort, bukte ik om onder een laaghangende tak door te gaan.
Door mijn opwinding had ik de hoogte van de laaghangende tak verkeerd ingeschat, waardoor ik hard mijn hoofd stootte. 'Au!' klonk het hard door het muisstille bos.
Dat was teken nummer één dat mij op mijn slechte gedachten wees, want deze juiste timing dat ik m'n hoofd zeer deed, was natuurlijk geen toeval.
Nu volgt nog een voorbeeld van een signaal dat letterlijk mijn broek deed afzakken. Met Unox was ik aan het joggen over de dijk van het Julianakanaal. Zonder het te beseffen was ik gaandeweg afgedwaald in gedachten met een hoog 'lekker-puh' gehalte. Iemand die mij in het verleden onrecht had aangedaan, zat nu zelf in de penarie en die rancuneuze gedachten daarover gaven mij een goed gevoel. Ik denk dat bijna iedereen wel eens van die gedachten heeft, maar ik had erom gevraagd om me voor boosaardige gedachten te waarschuwen. En dat gebeurde op een genadeloze manier.

Terwijl ik over de dijk rennend van mijn leedvermaak genoot, passeerde ik wat tegemoetkomende wandelaars die me wat vreemd nakeken. Na een paar intensieve minuten wilde ik afslaan richting mijn geliefde Engelenpad. Bij de afslag ontdekte ik tot mijn grote schrik dat mijn sportbroek tot bijna op mijn knieën was afgegleden! Gelukkig dat ik met hardlopen geen pikante lingerie draag, maar het gevoel van de afgang kwam toch stevig binnen.
En zo had ik door wat miskleunen een seintje gekregen om negatieve gedachten te onderscheppen. Een typisch geval van 'God straft onmiddellijk'. Maar ik had er wel zélf om gevraagd.

HOOFDSTUK 8

Je kunt niet alleen door slechte gedachten in de schemerzone belanden, maar je kunt ook aangestoken worden door negatieve uitlatingen van anderen. Onlangs ben ik me gaan beseffen dat ik vatbaar ben voor meningen van anderen. Daarbij heb ik de negatieve eigenschap om de daarmee verbonden opvattingen er met slechte (voor)oordelen uit te gooien. Door een samenloop van gelijktijdige omstandigheden werd ik me van dit euvel bewust.

Het leek een gewone zaterdag, waarop ik vroeg uit de veren was om met schrijven verder te gaan. Maar dat voorgenomen plan ging niet door. Er was iets vreemds aan de hand: mijn nieuwe laptop haperde steeds. Het typische was dat ik met de oude computer een soortgelijke ervaring had gehad. Toen was het een zondagmorgen geweest dat ik geen toegang tot mijn gewenste bestanden kreeg. Omdat het Pasen was had ik het er maar bij laten zitten. Achteraf gezien kwam dat goed uit. Misschien moest het wel zo zijn, want ik had er in alle rust een heerlijke Paasdag van gemaakt. We hadden zulke leuke dingen gedaan, dat ik blij was dat het toeval wilde dat ik niet de hele dag achter mijn computer had gezeten.

Maar deze zaterdag was er volgens mij niets bijzonders aan de hand, en ik zat vol energie om mijn verhaal te vertellen. Naarmate ik me steeds meer begon te irriteren aan het haperen van mijn laptop, werd de stijgende opwinding plots onderbroken door een rinkelende telefoon.

Het was het opgewekte stemgeluid van mijn oudere zus dat ik aan de andere kant van de lijn hoorde. Wat

een perfecte timing, want die afleiding kon ik wel gebruiken. Blij vertelde ze me dat de tompoezen al klaar stonden op de salontafel. Om elf uur zou 'het' gaan beginnen.
'Wat?' vroeg ik onbenullig. Vreugdevol antwoordde ze: 'Het is toch Koningsdag vandaag'. Och ja, dat was waar ook. Het was Koningsdag in Nederland, maar hier in Zuid-Limburg merk je daar op het eerste gezicht niet veel van. Bovendien ben ik door de weeks in Luxemburg, dus dan ontgaan mij de voorbereidingen op de Nederlandse feestvreugde al snel. Daarbij houd ik niet van poespas en ben ik vanwege berichten uit de media geen voorstander van royals. Maar mijn zus blijkbaar wel. De televisie stond al aan, en ze was klaar om er een heerlijke dag van te maken. 'We bellen morgen weer hoor en geniet van deze dag!' riep ze haastig.
Omdat mijn computer toch van slag was en het enthousiasme van mijn zus over het koningsdagfestijn me dusdanig nieuwsgierig gemaakt had, nam ik onmiddellijk voor de buis plaats. Helaas zonder oranje tompoes. Al snel zat ik op het puntje van mijn stoel te genieten van het koningspaar dat begeleid werd door drie sympathieke prinsesjes. De kroonprinses wist haar mannetje te staan. De zelfbewuste uitstraling die ze had, deed me denken aan mijn eigen dochters. Zij kunnen ook zo zelfverzekerd, letterlijk op me neer kijken. Wat ben ik altijd trots op mijn meiden! En zo te zien was het koningspaar dat ook op hun dochters. Het straalde ervan af. Wat vond ik dat ontzettend leuk om te zien!
Dit jaar bezocht de koninklijke familie Amersfoort. Dat is de stad waar ik op de middelbare school zat en Paps heb ontmoet. Ik mag me 'Amersfoortse Kei-

entrekker' noemen, want ik zag daar voor het eerst het levenslicht. In dat stadje kende ik ieder grachtje, pleintje en steegje. Maar het meest in het oog springende monument is de 'Onze Lieve Vrouwentoren' met als bijnaam de 'Lange Jan' die in gotische stijl bijna 100 meter boven de oude binnenstad uitreikt. De klokkenspelmelodieën uit het carillon deden me in nostalgische sferen verzeilen en lieten me weg zwijmelen naar mooie jeugdherinneringen uit die goede oude tijd. Een sprookjeswereld die jaren later bezegeld werd met een huwelijk tussen mij en mijn jeugdliefde Paps.
Het was een mooie uitzending! De Cliniclowns maakten er een vrolijke 'bende' van en spanden naast de koninklijke familie de kroon. Prachtig! Dit had ik voor geen goud willen missen.
Door deze fleurige manifestatie realiseerde ik me dat de vooroordelen die ik wel eens over bepaalde mensen heb, niet geheel klopten. Het zal je maar te doen staan, omdat er boven je wiegje een kroontje heeft gehangen. Wat een sympathiek en dapper koninklijk gezin! Ik zou zelf nooit mijn dochters voor het Nederlandse volk op zo'n kwetsbare manier hebben durven inzetten.
En wederom kon ik mijn negatieve gevoelswaarden aan de wilgen hangen door er een vrolijk beeld aan te koppelen.
Ik realiseerde me dat de computerstoring in combinatie met het perfect getimede telefoontje van mijn zus, me de kans had gegeven om mijn door de roddelpers gemaakte opvattingen in positieve richting te veranderen. Het leek daarom wel een door hogerhand in gang gezette samenloop van omstandigheden om mijn verbeteringsproces te bevorderen.

Als situaties samen komen waarop het lijkt dat ze door magische krachten geleid zijn, wordt dit een synchroniciteit genoemd. Dit is een meer dan toevalligheid, die achteraf gezien heel zinvol kan zijn. In dit geval werd ik me door de samenloop van omstandigheden bewust van mijn slechte vooroordelen.
Een synchroniciteit kan soms zo verrassend overkomen dat je er blij van wordt, zoals ik dat bijvoorbeeld bij de engelentaart ervaarde. Dat komt omdat je negatieve emoties door het verrassingseffect een positieve afloop krijgen.
Als materie om je heen synchroon loopt met je gemoedsstemming, oftewel je binnenwereld, is er ook sprake van een synchroniciteit. Zoals ik dat al omschreef, is de foto op de cover van dit boek hier een voorbeeld van, en mijn wandelingen over het Engelenpad respectievelijk Zwijnenpad.
Tijdens mijn bewustwordingsproces ging mij dit fenomeen steeds vaker opvallen.
Zo ontdekte ik dat een synchroniciteit je kan helpen zorgen te verlichten, doordat je bijvoorbeeld iemand 'toevallig' op het juiste moment iets hoort zeggen.
Toen ik net met schrijven was begonnen, maakte ik me zorgen over de omvang van het boek. Ergens had ik me laten bang maken dat een volwaardig boek minimaal uit 40.000 woorden zou moeten bestaan. Wanhopig vroeg ik me af hoe ik zo'n grote hoeveelheid aan woorden op papier zou kunnen krijgen.
Op een bewuste dag werd mijn onzekerheid hierover extra aangewakkerd door een gevalletje dat zich achter mijn computerscherm afspeelde. Net toen ik een kop thee had ingeschonken om aan de werkdag te beginnen, verscheen er een collega aan het bureau van de

medewerkster pal tegenover mij. Met een smak liet hij een zak op haar bureau belanden. 'Hier,' grijnsde hij, 'ben je voorlopig even zoet'.
Nieuwsgierig naar wat er in die tas zou zitten, schoot ik kaarsrecht overeind. Met mijn zitvlak wiebelde ik heen en weer om een goede positie in te kunnen nemen, zodat ik onopvallend langs mijn computerscherm de situatie kon bespieden. 'Oh super,' hoorde ik de medewerkster uitbundig reageren en ik zag dat ze 'likkebaardend' zes dikke boeken uit de big bag graaide.
'Puh,' verzuchtte ik zachtjes in een korte uitblaas. Met opgetrokken wenkbrauwen vroeg ik aan mijn collega uit hoeveel bladzijden die boeken bestonden. 'Stuk of vijfhonderd, als het er niet meer zijn,' jubelde ze. 'Die heb ik zo verslonden hoor,' knikte ze met een zelfverzekerde blik op de boekwerken gericht.
Alsof ik het heel gewoon vond en niet onder de indruk was, liet ik me weer in mijn normale werkhouding terugzakken. Maar ondertussen zat het me allesbehalve lekker. Dit voorval was een doodsteek voor mijn motivatie. Het vond namelijk precies op het moment plaats dat ik met veel geworstel nog geen veertig boekpagina's had vol geschreven, wat neer komt op ongeveer 10.000 woorden.
Gelukkig had ik haar nooit over mijn voornemen om een boek te schrijven geïnformeerd, want anders had ik me goed ongemakkelijk gevoeld en zou het schaamrood op mijn kaken zijn verschenen.
De hele dag bleef een miserabel en gedesillusioneerd gevoel aan me kleven. Totdat ik het niet meer uithield en een schietgebedje deed waarin ik om vertroosting vroeg.

Toen ik een poosje later thuiskwam en de berichtgevingen van Radio Televisie Luxemburg aanzette, oftewel het RTL-nieuws, werd mijn schietgebedje meteen verhoord. Precies op het moment dat het televisiebeeld aansprong, werd er een juridisch onderlegd persoon over een strafzaak geïnterviewd die ik nog net als afsluitend antwoord hoorde zeggen: 'Het gaat niet om de kwantiteit, maar om de inhoud van het dossier'.
Pfff, wat was me dat een pak van mijn hart!

HOOFDSTUK 9

Als ik je vertel dat een plaaginsect in staat was mijn zorgen te verlichten, zal je dat waarschijnlijk niet meteen geloven. Toch was dat zo.

Dieren die opvallend op je pad verschijnen kunnen soms een speciale boodschap met zich mee dragen. Daar kwam ik achter nadat ik in een droom ingegeven had gekregen om 'lieveheersbeestje' op het welbekende kladblokje naast mijn bed te schrijven. Een tijd lang wist ik niet wat ik ermee aan moest. Soms blijven die krabbels een raadsel, maar achter de aanwijzing 'lieveheersbeestje' bleek zich toch een toepasselijke en opbeurende tekst schuil te houden.

In de zomervakantie ging ik de klimop in de tuin knippen waarin het wemelde van de lieveheersbeestjes. Door het kortwieken van het gewas kreeg ik uitslagallergie. Het was zelfs op mijn ene oog geslagen. Gelukkig had ik die week vrij, want mijn oog zat helemaal dicht. Ik zag er niet uit. Toen ik m'n zonnebril per ongeluk in het openbaar had afgezet, riep iemand: 'Hé, Cassius Clay!' Wist ik veel wie dat was. Bleek die persoon Muhammad Ali te bedoelen, die geboren is als Cassius Clay. Kan je nagaan hoe toegetakeld ik eruitzag.

In deze vakantie kon ik niet veel doen, want ik wilde niet voor schut lopen. Toen ik wat rond het huis aan het rommelen was, werd ik nieuwsgierig naar de symboliek van een lieveheersbeestje. In het struikgewas dat ik aan het snoeien was, krioelde het er immers van en dat in combinatie met de notitie op mijn nachtkastje, bracht mij op het idee informatie te gaan vergaren. Op het internet zocht ik naar de spirituele betekenis van het diertje. En toen verscheen er iets heel frappants. In een uitgebreide tekst waren twee alinea's geel gearceerd: 'Het lieveheersbeestje brengt je de boodschap dat je op het goede pad bent. Ga vooral zo door! Heb vertrouwen en geloof in jezelf, want dan zul je tot meer in staat zijn dan dat je nu voor mogelijk houdt'. Dat is toch een fantastische peptalk!

Het andere gemarkeerde gedeelte luidde: 'Tijdens het proces van bewustwording zal je gaan inzien dat bepaalde informatie niet zomaar toevallig verschijnt. Ga op zoek naar de betekenis van opvallende getallencombinaties en lees welke boodschappen dieren voor je hebben'.

Het leek alsof de in geel gearceerde tekstdelen speciaal aan mij gericht waren, want toepasselijker had de boodschap voor mij niet kunnen zijn. En zo werd behalve de numerologie ook de dierensymboliek helemaal mijn ding.

Een tijdje later kon ik de dierensymboliek wederom in de praktijk toepassen.

De confrontatie met dat dier vond plaats toen ik met Vay, dat is de kleindochter van Pé, naar het buurtspeeltuintje ging. Ik maakte me zorgen om dat kleine ding dat toen vier jaar oud was. Haar ouders hadden ons namelijk onverwachts verteld dat ze besloten hadden om uit elkaar te gaan.

Dat vind je als 'ouder' natuurlijk heel naar voor de personen in kwestie. Maar mijn hart ging extra uit naar die kleine meid. Zo klein als ze is en dan al zo'n groot 'kruis' te dragen, dacht ik met mededogen.

Maar die dag waren we lekker in het speeltuintje en had het dartelende kleutertje pret voor tien.

Het is meestal zo'n vrolijk kind dat me dat wat geruststelling gaf.
Na plezier gemaakt te hebben op de glijbaan, de schommel en de wipwap, gingen we bij het intreden van de duisternis weer richting huis. Op de terugweg reed Vay op haar fietsje met volle gang een brandgang tussen de huizenblokken binnen, waarna ik haar op een drafje volgde. Plots remde ze keihard en begon hevig te gillen. Vanaf de andere kant van het gangetje kwam er een hele grote libel zigzaggend op ons af gescheerd. Net zoals Vay schrok ik ook, maar de libel maakte godzijdank net voor onze neuzen rechtsomkeert.
'Hè, gelukkig,' zei ik monter en ook Vay slaakte een zucht van verlichting en klom weer op haar fiets. Maar bij deze begroeting van het plaagdier bleef het niet. De libel kwam terug en zette dit keer de aanval op ons in. In het nauwe gangetje konden we geen kant meer uit. Ze bleef van voor naar achter langs ons heen scheren. Vay kneep haar oogjes tot spleetjes en dook dicht tegen me aan. Samen griezelden we het uit. Wat moest dat enge beest toch? De libel had het overduidelijk op ons gemunt.
Nadat het angstaanjagende insect een paar minuten langs onze oren heen was gesuisd, verdween het definitief achter de heg van een tuin. Opgelucht konden we weer ademhalen. Wederom sprong Vay op haar fiets en ik rende er achteraan.
Voor het slapengaan, las ik Vay een paar verhaaltjes voor uit 'Jip en Janneke', maar die konden qua spanning het niet tippen aan ons avontuur van die dag.
's Avonds toen het kleine meisje in dromenland was, nam ik even de tijd om me in het insect te verdiepen.

Via de dierensymboliek kreeg ik een mooie boodschap door: 'Libel staat voor de gave om je aan omstandigheden te kunnen aanpassen'.
Wat toevallig dat dit dier, met zijn toepasselijke symbolische betekenis, precies op het juiste moment zo opvallend verscheen. Door de symboliek van de libel op de situatie toe te passen waarin Vay verkeerde, gaf me dat gemoedsrust. Ik kreeg er alle vertrouwen in dat het Vay zou lukken om haar 'kruisje' dapper te dragen. Zo kan de dierensymboliek je troost brengen door positieve boodschappen door te geven.

De volgende dag volgde er nog een grappige synchroniciteit die mij bewust maakte van mijn gemakzucht. Vay ging nadat ik haar in de badkamer verzorgd had, lekker beneden op de bank chillen. Opeens schoot me te binnen dat ik vergeten was om haar tandjes te poetsen. Ach, dat doet haar moeder dan straks wel als ze weer thuis is, dacht ik. Een poosje later ging ik naar de badkamer om mijn eigen ochtendritueel af te maken. Toen ik een kastje opende, vielen er achter elkaar een opvouwbaar tandenborsteltje en een mini tubetje tandpasta uit. Ik had er geen idee van hoe die spulletjes die ik wel eens tijdens een weekendje weg gebruik, in het badkamerkastje terecht waren gekomen, maar de boodschap hier achter was me in elk geval meteen duidelijk.

HOOFDSTUK 10

Het was nog in het pre-corona tijdperk dat ik een uur voordat ik vanuit Nederland naar Luxemburg zou vertrekken, zorgeloos met mijn hondje aan de wandel was. Die ochtend had ik steeds dubbele getallen gezien die mij erop attent maakten om positief te blijven in wat voor een situatie ik me ook zou bevinden.
Eigenlijk vond ik dat ik de top van positief denken inmiddels bereikt had en dat ik daar wel eens een complimentje voor verdiend had. De laatste tijd had ik namelijk de vele beproevingen om positief te blijven goed doorstaan, vond ik zelf.
Maar wat ik niet wist, was dat die dag pas het begin zou zijn van vele pittige beproevingen, die me nog te wachten stonden.
Teruggekomen van mijn wandelingetje pakte ik voor vertrek nog even een douche. Al zingend stond ik me in te zepen, toen ik iets afschuwelijks constateerde. In mijn rechterborst merkte ik een enorme knobbel op. Het was alsof ik in één klap in een nachtmerrie belandde. Stijf van de schrik voelde ik bibberend aan de andere kant, om te kunnen vergelijken. Maar die voelde gewoon zoals normaal. Lamgeslagen kleedde ik me aan en belde meteen de vrouwenarts in Luxemburg. Maar tevergeefs, want de praktijk was op dat moment onbereikbaar. Totaal uit mijn doen probeerde ik het later nog eens. Ik pakte mijn telefoon, en zag dat er op de display 14.44 stond. Dat betekent dat het bijna kwart voor drie was, maar de numerologie heeft mij ook geleerd dat nummer 444 een geruststellend nummer is.

De betekenis van het getal zoals ik die interpreteer is: heb vertrouwen dan heb je niets te vrezen.
Ik voelde me even helemaal opgelucht. Maar die opluchting was niet van lange duur. In de auto naar Luxemburg kreeg ik enorm de zenuwen. Je moet maar afwachten of je op die hocus pocus numerologie kan rekenen, dacht ik benauwd. Wanhopig deed ik nog een aantal pogingen om contact met de vrouwenarts te krijgen, maar dat lukte die dag niet meer. Ik ging een nacht in die normaliter in deze omstandigheden vol onzekerheid en angst zou zijn. In mijn naaste omgeving komt veel borstkanker voor. Ik had dus alle reden om me hierover flink druk te gaan maken. Maar dat viel mee. Steeds als ik wakker werd en wilde gaan piekeren, haalde ik me 444 voor ogen, hetgeen me geruststelde.
Een uurtje voordat de wekker mij zou ontwaken, ging plotsklaps het brandalarm af in de B&B waar ik sliep. Dat gebeurt wel vaker. Als de batterij van het brandalarm bijna leeg is, begint het uit voorzorg al te piepen. Omdat ik daardoor klaarwakker was, gaf het me de gelegenheid om even te mediteren en een schietgebedje te doen voor geruststelling. Dat gaf me kracht om de dag moedig te beginnen.
Terwijl ik naar mijn werk reed, ving ik hier en daar geruststellende tekens op, waardoor nare gedachten plaatsmaakten voor positieve energieën. Zo liet ik op de rotonde in alle rust een auto voorgaan, waardoor ik ‘xx’ op het kenteken las. In de tijd dat emoticons op je telefoon nog niet zo gangbaar waren, sloot ik altijd berichtjes aan dierbaren af met een ‘x’ als groet. Dit teken associeert in mijn belevingswereld met liefde. Vandaar dat ik uit de ‘xx’ op het kenteken van mijn voorganger

positieve energie putte, want dat kon natuurlijk geen toeval zijn dat ik dat precies op het juiste moment waarnam.
Toen ik op het werk was aangekomen, probeerde ik nogmaals een afspraak te maken met de arts. Ik kon in mijn pauze komen. Omdat het bij de vrouwenarts in Luxemburg bekend is dat mijn moeder aan borstkanker lijdt, kon ik met voorrang terecht. Onderweg naar de praktijk bleven de geruststellingen niet slechts bij 'xx' en '444'. Midden in de stad op de Kirchberg, hobbelde er een bus voor me uit met nummer 222 in het achterraam. Toen ik op de parkeerplaats bij de vrouwenartspraktijk gearriveerd was, pakte ik als eerste mijn telefoon om de betekenis van 222 te achterhalen. Ik las: 'Heb vertrouwen, dan zal alles goedkomen'. Dat was wederom een hele geruststelling, want als het nu niet goed zou zitten, dan zou de hele numerologie fake zijn, dacht ik zelfverzekerd.
Ik belandde in de wachtkamer. De geruststellingen had ik in de auto laten liggen, want oh mens wat was ik ontzettend bang. Ik had het gewoon niet meer. Soms dacht ik: kom, pak je jas en vlucht hier weg, naar een warme bestemming, dan zien we daarna wel weer verder.
Ook al had ik vertrouwen gehad in de interpretaties van de kalmerende tekens, het leek toch alsof het uur van de waarheid naderde. Met klamme handjes zat ik op het hoekje van de bank in de wachtkamer te balanceren tussen hoop en vrees.
Het duurde en het duurde.... Tot voor de zoveelste keer de assistente verscheen. 'Madame van Zalk'.
Nu zou het gebeuren....

Het eerste wat de arts na onze begroeting argwanend vroeg was: 'Bent u afgevallen, ik had u bijna niet herkend?'
'Ja,' zei ik wat terugdeinzend.
'Hoe dat zo?' klonk het, terwijl ze me met een scheve blik van top tot teen aankeek.
'Door bewuster te leven en meer te bewegen, dat is alles,' antwoordde ik beklemd.
'Oké,' zei ze ietwat wantrouwend, 'neem maar plaats dan maak ik een echo'.
Eerst spoot ze gel op mijn huid. Vervolgens schoot ze met een apparaatje van links naar rechts over mijn borst, waarna ze de bevindingen ervan op een scherm bekeek.
Opeens veranderde haar bedenkelijke blik in een ontspannen glimlach om haar lippen.
Ze zei dat ik van geluk mocht spreken. Vanwege mijn gewichtsverlies waren onschuldig opgezette klieren extra duidelijk voelbaar. Ze kon zich goed voorstellen dat ik in de piepzak had gezeten. Maar alles was goed. Er was niets verontrustends aan de hand.
En toen leek het alsof ik een beloning voor mijn vertrouwen in de numerologie ontving. De arts liep naar haar verhoogde sta-desk om de resultaten van het onderzoek te noteren. En toen zei ze tot wel drie keer aan toe:
'Sie bekommen gute Noten von mir!' Wat in het Nederlands betekent, dat ik goede cijfers van haar kreeg. En zo had ik eindelijk mijn gewenste compliment ontvangen, waarvan ik al tijden vond dat ik die verdiend had.

HOOFDSTUK 11

Toen ik dacht dat ik het met de positieve gedragsveranderingen goed op de rit had, kreeg het ondeugd KA toch weer de kans om me op een dwaalspoor te zetten. Het was in de herfst van 2019 dat ik met schrijven goed op dreef was. Mijn groeiende zelfvertrouwen liet het me steeds gemakkelijker afgaan. Hierdoor kreeg ik de stille hoop het boek al in 2020 af te ronden.
Dit verlangen werd nog eens aangewakkerd, doordat ik verscheidene keren als ik hierover nadacht tegelijkertijd 2020 te zien kreeg.
Hum, dacht ik, na een paar keer die ervaring te hebben gehad, zal dat stom toeval zijn of een voorspellend teken dat het boek in 2020 afkomt? Om dit uit te vogelen deed ik in een schietgebedje het verzoek om mij een signaal te geven als het boek daadwerkelijk in 2020 zou worden voltooid. Daarbij verzon ik zelf het teken, en vroeg daarom nadrukkelijk om mij zo spoedig mogelijk een duidelijk 'JA' te laten zien.
Of de duvel er mee speelde of niet, ik zag meteen in een tussenpoos van nog geen uur, twee keer vetgedrukt het woordje YES langskomen. Maar 'YES' is geen 'JA'. Daarom gold het niet, vond ik.
Enfin, na die middag de tweede YES gezien te hebben, vertrok ik vanaf mijn werk naar mijn jongste dochter die jarig was die dag. Ze had me uitgenodigd om te komen racletten bij haar oma (de moeder van Paps) in het Préizerdaul dat in noordelijke richting van het land ligt.
Nadat ik de snelweg richting Luxemburg-stad was opgedraaid, zei ik in mezelf: 'YES is niet JA, dus dat telt absoluut niet'. Op hetzelfde moment dat ik dat dacht,

schoot er een vrachtwagen voor de neus van mijn auto, die van plan was een andere truck te gaan inhalen. Ondanks dat de inhaalmanoeuvre van mijn voorganger nogal traag verliep, bleef ik voor mijn doen relatief geduldig. Terwijl ik me zat te vergapen aan de grote wielen van het in te halen bakbeest, zag ik iets verbluffends. Door de staat van opwinding die deze onthutsing me bezorgde, wist ik het slaken van een jubelkreet niet meer te onderdrukken. Tussen de aanhangwagen en de trekker van de truck, die ik en mijn voorganger aan het inhalen waren, verscheen significant een kentekenplaat met de letters 'JA'.
Ik was totaal onderste boven! Wat ontzettend bizar! Dat valt toch zeker niet aan toeval toe te schrijven? Maar om zeker te weten dat dit inderdaad geen toeval was, vroeg ik als bevestiging om me nog tweemaal het teken 'JA' te laten zien.
Vlak voordat ik het 'territorium' van de stad Luxemburg zou raken, boog ik rechtsom richting Mersch de 'Autoroute du Nord' op, op zijn Luxemburgs gezegd de 'Nordstrooss'.
Over die weg heb ik het al eerder gehad. Daar werd in de tegenovergestelde richting het idee geboren voor de naam van het hoofdrolpersonage in dit boek, mijn eigen ego JY.
De 'Nordstrooss' is een verkeersader die Luxemburgstad met het Noorden van het land verbindt en deels als autosnelweg is uitgevoerd. Deze weg ontspringt op de Kirchberg, het financieel centrum van het land, en eindigt zo'n beetje bij Clervaux.
Ook al had ik een baaldag gehad, toch zat ik zingend met de muziek mee achter het stuur. Komend vanuit de Groufttunnel die met zijn bijna 3 kilometer lengte

de langste tunnel van het land is, naderde ik de Gousselerbiergtunnel, de laatste noemenswaardige tunnel van het traject. Voordat ik deze tunnel in zou duiken, moest het verkeer zich vanwege wegwerkzaamheden van de linkerbaan naar de rechterbaan verplaatsen. In de spits kan dat tot een ware belasting voor je geduld en zelfbeheersing leiden. Zo ook dit keer. Een snelheidsduivel scheurde met zijn dikke, vette auto over de met een rood kruis afgezette rijbaan, terwijl ik nota bene al een eeuwigheid, geduldig opgesteld stond op de rechterbaan. Net voor de definitieve wegversperring ging de maniak vol in de ankers en probeerde zich alsnog tussen de langzaam rijdende auto's te dringen. Hoofdschuddend sloeg ik met een afkeurende blik zijn manoeuvre gade. Maar verhip, wat zag ik in een oogopslag? Het kenteken van die bolide begon met JA! Al zag ik het weliswaar in een flits, ik had het toch zuiver gezien. Zeker weten van yes. Zoiets dergelijks kan je toch moeilijk toeval noemen.
Die dag bleef het bij 2 x het woordje 'JA' dat voor mijn aangezicht was verschenen. De ontknoping van het verhaal zou nog een dagje op zich laten wachten. Vanwege het verjaardagsfeestje van mijn dochter, had ik uit gezelligheidsoverwegingen besloten om daar 's avonds te blijven slapen.
De volgende morgen, toen het weekend zich had ingeluid, vertrok ik bij het krieken van de dag in een mistige wereld op weg naar mijn volgende bestemming. Bij Bastogne reed ik de E25 op, anders genaamd de 'Route du Soleil'. Helaas in de tegenovergestelde richting dan dat de naam zou doen vermoeden. Toch zou de zon in mijn gemoed weldra gaan schijnen, want tijdens deze rit manifesteerde zich het klapstuk van de week.

Via een oprit kwam een krakkemikkig busje met een sukkelgangetje de weg op getuft. Terwijl ik deze vanwege het slechte zicht uitermate beheerst ging inhalen, zag ik vaag een kenteken met JAA uit de dampende mistflarden opdoemen. 'Bingo!' riep ik overdreven enthousiast, 'dat is 3!'
Wat een toeval! Oké, er stond wel een dubbele A, maar dat mocht voor mij de pret niet drukken. Dit was meer dan duidelijk een voorspellend teken van boven dat ik mijn boek in het jaar 2020 zou afronden.
Door de heilige overtuiging dat mijn voorspelling op waarheid was berust, stak naarmate de tijd in 2020 verstreek een alsmaar sterker wordende drang tot presteren op. De dwangmatige wil om mijn doel in 2020 te realiseren, hield zich in mijn hoofd onophoudelijk bezig, waardoor obsessief gedrag en ongeduld de overhand gingen nemen.
Het gevolg hiervan was dat bijzondere dromen uitbleven en het gele 'post-it' blokje naast mijn bed blanco bleef.
Er kwam niets zinnigs meer uit mijn pen, alleen maar losse flodders met veel tekst en weinig inhoud. Kortom: de inspiratiebron was opgedroogd.
Tot overmaat van ramp had ik in mijn enthousiasme mijn zusje Lynn de voorspelling toevertrouwd. Maar nu dreigde mijn voorspelling in een fiasco uit te lopen. Als ik het boek niet voor eind 2020 af zou krijgen, zou mijn geloofwaardigheid bij mijn zusje enorm worden aangetast.
Laatst vroeg ze enthousiast aan de telefoon naar de stand van zaken. 'Je boek zou dit jaar toch afkomen?' vroeg ze beslist.
Om de waarheid te verdoezelen, overrompelde ik haar

door te antwoorden dat er na mijn eerste boek zeker een tweede boek zou verschijnen. 'De ideeën daarvoor zitten al in de pijplijn,' probeerde ik haar te overbluffen.
En dat was gelukt, want mijn zusje reageerde totaal overdonderd met: 'Echt wáár!'
Maar jakkes, wat zal ze me een blaaskaak vinden als straks in plaats van een boek óp tafel, de waarheid bóven tafel komt.
Ik was zo bang om te verliezen, dat een alles overheersend gevoel van faalangst zich de kop opstak.
Toch zette ik door. Deze inzinking zou vast een beproeving zijn om mijn doorzettingsvermogen en wilskracht te testen. Daar trapte ik dus mooi niet in!
Van mezelf weet ik dat ik optimale vechterslust kan oproepen als dat echt noodzakelijk is. Om mijn doel te bereiken, kan ik me schrap zetten en desnoods dagenlang tot diep in de nacht doorgaan. Daarom was ik vastbesloten om niet op te geven en tot het uiterste te gaan om mijn doel in 2020 te bereiken.
Toevallig stond er een weekje vakantie voor me ingepland. Hierin zou ik ongestoord kunnen knallen om mijn droom op tijd te verwezenlijken.
Maar niets ging zoals gepland. Er kwam een kink in de kabel, die zou zorgen voor een persoonlijke lockdown.
De week voordat mijn verlof in zou gaan, waren in Luxemburg de landelijke coronamaatregelen versoepeld. Dat betekende dat ik eindelijk mijn kroost weer mocht zien. In Luxemburg waren de maatregelen bij de eerste lockdown veel strenger dan in Nederland. Je mocht nergens op bezoek gaan, zelfs niet bij je eigen vlees en bloed.
Al die weken had ik alleen per telefoon contact gehad

met mijn dochters. Mijn jongste dochter zei dat het goed ging, en dat ik me vooral geen zorgen over haar moest maken. Af en toe hield ze me door middel van foto's op de hoogte van de heerlijke maaltijden die ze voor zichzelf bereid had. Ondanks dat ik geen glimpje van haarzelf op de foto's te zien kreeg, stelde me dat toch gerust.
Maar nu de versoepelingen een feit waren, was het eindelijk zover dat ik mijn kids weer in de armen kon gaan sluiten. Mens wat verheugde ik me daarop! Na mijn werk reed ik linea recta naar ze toe.
Toen ik aan kwam rijden, zag ik vanaf beneden dat m'n jongste telg me al in de garagepoort stond op te wachten. Opgewonden begon ik naar haar te wuiven en reed al toeterend de steile helling van de oprit op.
Met een ruk zette ik de auto op de handrem. Tegelijkertijd liet ik het portier van de auto openvliegen, rukte de sleutel uit het contact en griste in één doorgaande beweging mijn tas van de voorbank af. De drang om naar haar toe te rennen was zo groot dat ik mijn beide benen tegelijk de auto uit zwiepte. Toen ze de grond nog maar net hadden geraakt, begon ik al te rennen richting de gestalte die bewegingsloos in de garagepoort bleef staan.
Een poos geleden was ik ook al in de trant van het televisieprogramma 'Love is in the air' op haar afgestoven. Omdat we elkaar vanwege haar werk als stewardess vaker voor langere periodes niet zien, was dat gewoon voor de grap geweest. Die keer had ze het spelletje overdreven leuk meegespeeld, en wat hadden we daar toen een lol om gehad. Maar nu was het echt en verroerde ze zich amper.
Terwijl ik in volle vaart kwam aanspurten, verschoof ze

aarzelend een stapje mijn richting uit. Ik zag dat haar gezicht er niet zo vrolijk uitzag, zoals je zou verwachten na een wederzien van maanden. Ze had een vuurrode schram van links naar rechts over haar wang. Snikkend viel ze me in de armen: 'Mam, ik heb aan het begin van de lockdown een ongeluk gehad'. Ik sloeg lam van schrik. Alle kracht voelde ik uit mijn spieren en ledematen trekken. Vaag hoorde ik wat high-lights uit haar verhaal. Nee, dit moest ik dromen, dit kon de waarheid niet zijn. In wat voor een horrorfilm was ik beland? Altijd maakte ik me al zorgen dat één van mijn kinderen in hun gezicht verwond zou raken door bijvoorbeeld een ongeluk of een hondenbeet. Ooit was een buurmeisje van mij dat overkomen. Iedere keer als ik haar zag, kwam bij mij de angst naar boven dat dat mijn dierbaren ook zou kunnen overkomen. En nu werd door een ongeluk waarbij mijn dochter lelijk terecht was gekomen, mijn ergste vrezen waarheid. Eerder had ik al met mijn meiden afgesproken om die avond samen wat te gaan eten, maar hoe was dit mogelijk, want door het bericht voelde ik me zo dizzy in mijn hoofd.
Op het moment dat ik helemaal in mezelf gekeerd was en me had afgesloten van de harde werkelijkheid, viel me opeens in dat ik die dag opvallend vaak dezelfde dubbele getallen had gezien die de boodschap brengen: 'Blijf positief en heb vertrouwen ongeacht hoe moeilijk de situatie ook is'. En heel toevallig was daar meer dan eens het nummer 444 bij, dat je aanmoedigt te stoppen met angst, stress en zorgen.
Die gedachte deed me ondanks de vervelende situatie goed. Want hocus pocus of niet, het belangrijkste is dat je erin gelooft.

Met mijn gedachten probeerde ik het beste naar boven te halen van wat ik zo-even vaag had opgevangen. Dat was onder andere dat de operatie, die door de beste plastisch-chirurg in Luxemburg was uitgevoerd, goed verlopen zou zijn. Laat ik van een positief scenario uitgaan, dat is een goed uitganspunt, overtuigde ik mezelf.
Na mijn positieve overdenking reageerde ik op de emotionele situatie: 'Kop op meid, het komt goed. Dat litteken valt over een half jaartje niet meer heel erg op. Dat zal je zien!'
Zo kreeg ik die avond door mijn positieve instelling toch nog een hapje door mijn keel.
Maar ook al had de numerologie me op de been gehouden en me tot rust gebracht, het ongeluk van mijn dochter was toch hard bij mij binnengekomen.
Ik zag het als een extreme beproeving om positief te blijven en het vertrouwen te houden dat het goed zou komen.
Een uitdaging van zo'n zwaar kaliber had ik nog niet eerder ondervonden.
Ik vond het moeilijk om in deze zware tijd van corona mijn familie en kennissen met zoiets naars te moeten belasten. Iedereen had al genoeg negativiteit om zich heen. Bovendien zou hun reactie, mijn vertrouwen dat het goed zou komen misschien doen wankelen.
Aansluitend begon mijn week verlof. De week met iedere dag dezelfde dagbesteding, namelijk 'schrijven'.
De zondagavond voordat mijn voorgenomen schrijfweek begon, pakte ik mijn dagboek erbij om verslag te doen van de ellendige bedoening van de afgelopen week. Zo zou ik dat bloedstollende voorval van me af kunnen zetten en me ongestoord op mijn werkzaam-

heden kunnen gaan storten.
Staande aan de keukenbar schreef ik: 'Eindelijk weer de kids gezien. Toen '
Daar bleef het bij, want op het moment dat ik 'Toen' schreef, stortte ik van duizeligheid in elkaar. Daar lag ik in elkaar gezakt, knock-out op de grond. In één klap kon ik niets meer. Het lukte me zelfs niet meer om normaal uit mijn ogen te kijken. Uiteindelijk ben ik door de hulp van Pé op bed beland. In stressperiodes heb ik wel vaker last van duizeligheidsaanvallen, maar nog nooit eerder was ik van ellende letterlijk in elkaar gestort. Ik voelde me een wrak.
De volgende morgen ontwaakte ik uit een ijzingwekkende nachtmerrie, waarin ik werd geconfronteerd met diepliggende angsten. Ik heb onbedaarlijk in mijn kussen uitgehuild en werd door mijn tranen letterlijk overspoeld met emoties.
De dagen erna bleef ik duizelig. Daardoor was ik in een persoonlijke lockdown terecht gekomen. Er restte mij niets anders dan rustig af te wachten tot ik mijn evenwichtsstoornis weer onder controle zou hebben en stevig op mijn benen kon staan.
De strijd tegen de klok kreeg hierdoor een onverwachte wending. Mijn brein kwam tot rust en ik kreeg de kans om tot bezinning te komen. Geduld werd me afgedwongen, zodat mijn fanatisme een halt werd toegeroepen.
Mijn geluk was dat het zonnetje me toelachte. In het prille voorjaar had ik veel plantjes gepoot waardoor de tuin er fleurig uitzag. Zo kon ik in een zonovergoten tuin op een zonnebedje in alle rust genieten van de weelde om me heen.
Ik begon me af te vragen of die ingebeelde voorspelling

van de 3 Ja's wel van engelen afkomstig zou zijn. Daar zou je namelijk een goed gevoel bij moeten hebben en bemoediging van ervaren. Maar in dit geval was het tegenovergestelde een feit, want door de tijdsdruk die me was opgelegd, voelde het alsof het mes me op de keel was gezet.

Was er soms een negatieve kracht in het spel die mij wilde misleiden en mijn boek wilde doen mislukken? Toen ik hierover aan het filosoferen was, schoot mij ineens het voorval binnen waar ik constateerde dat KA en 1411 zich op één en dezelfde nummerplaat manifesteerden.

Uit deze symbolische toevaltreffer was ik me mede door het programma 'The Story of God' bewust geworden van de twee spiritueel tegenstrijdige krachten: **Goed versus Kwaad**.

KA, die in het duister op de loer ligt en geen kans verloren zal laten gaan om mijn levensdoel te saboteren, versus 1411, mijn welwillende engel.

Al naar gelang je gedrag kun je ze op je aantrekken. Bij mij sijpelde nu langzaam het besef door dat dit in de realiteit nu het geval was en ik KA door mijn gedrag op me aan had getrokken. Dit zal ik even nader toelichten: Toen ik in het najaar de bevestigende tekens van de 3 JA's afdwong, was ik zoals ik al zei met het schrijven van dit boek goed in vorm.

Omdat mijn inspiratie toen de pan uit swingde, werd ik overmoedig. Hierdoor kreeg ik vurig het verlangen om mijn werkzaamheden in Luxemburg adieu te zeggen en enkel en alleen met schrijven verder te gaan. De begeerte om te stoppen met werken werd nog eens versterkt omdat ik op die bewuste middag in het najaar toen 2020 naar me lonkte, er helemaal tabak van had.

Uit ongenoegen had ik, in figuurlijke zin, boos tegen van alles aangeschopt. Met overmoed en slechte zin voed je de ondeugd KA en trek je hem hiermee op je aan, waardoor hij de kans krijgt om je met ideaalbeelden te verleiden.

Aanvankelijk was het doel van het boek om mijn bijzondere spirituele ervaringen met mijn medemens te willen delen, en te proberen de zin van ons wonderbaarlijk bestaan voor mijn nageslacht onder woorden te brengen.

Maar deze groothartige intenties moesten hun plaatsjes afstaan, omdat mij een ander verlangen werd ingefluisterd waarmee ik op eigen voordeel uit was: zo snel mogelijk mijn baan opzeggen.

In plaats van met engelengeduld mijn filantropische doelstelling voort te zetten, wilde ik in de ban van de voorspelling mijn ideaal met duivelsgeweld via de kortste route verwezenlijken.

En zo had ik me, vanwege overmoed en negatieve emoties, door de ondeugd KA een taak met tijdsdruk laten influisteren en was mijn passie in een obsessie uitgedraaid.

Met deze les ben ik een stapje hoger gekomen in mijn leertraject. Ik heb geleerd hoe ik het stemmetje van ego, feitelijk met dat van intuïtie kan onderscheiden: het ego stelt zichzelf graag voorop, zeker als het uit een onaangename situatie wil ontsnappen. Het heeft de neiging ongeduldig te worden als verlangens niet snel genoeg worden gerealiseerd. Het stemmetje is niet altijd consequent, het kan zowel negatief als positief klinken al naar gelang de stemming.

Het stemmetje van intuïtie is consequent, geduldig en onzelfzuchtig. Het welzijn van jezelf, maar vooral het

welzijn van anderen staat daarbij hoog in het vaandel. Geduld en oog hebben voor je medemens zijn kernmerken van wijsheid.
In dit geval was het overduidelijk dat de ondeugd in me, die me in valse tekens liet geloven, de regie had overgenomen.
Dit was niet in overeenstemming met de kaartreading die dit boek voorspelde met de voorwaardelijke boodschap: 'Luister naar je intuïtie'.

HOOFDSTUK 12

De opsomming van de verschillen tussen de stemmetjes van JY en IK, deed me er ineens aan denken dat ik op een hele eigenaardige manier met mijn (onderbewuste) IK gecommuniceerd heb.
Ik begrijp dat dit vreemd klinkt, want ik was er achteraf zelf ook helemaal beduusd van.
De aanleiding tot deze dialoog was, dat ik vanuit de numerologie en de dierensymboliek menigmaal het bericht ontving dat luidde: 'Denk uit liefde'.
Eerlijk gezegd ging me dat wat ver. Hoe kun je nu van iemand verwachten altijd uit liefde te denken. Er zijn mensen die mij helemaal niet aardig behandeld hebben, soms zelfs ronduit slecht. Ik vind het al een hele uitdaging om tegen die personen vriendelijk te blijven, laat staan uit liefde over ze te denken.
Dus dat kan in mijn optiek niet!
Ik besloot een schietgebedje te doen om te vragen hoe ik met dit bericht moest omgaan. Na mijn hulpvraag ingediend te hebben, liet ik het los door mijn zinnen te verzetten.
Het zal een uurtje later zijn geweest dat ik in mijn comfortabele draaistoel voor het raam op de veranda neerstreek. Van daaraf kon ik de meesjes begluren die volop bezig waren met de voorbereidingen voor de komst van hun nageslacht. Dat zijn voor mij de kleine geneugten van het leven die mij groots plezier brengen.
Terwijl ik licht aan het wegsuffen was en mijn verstand tot het level nul was gereduceerd, pakte ik onbewust de pen en het notitieblok die ik altijd binnen handbereik op het theetafeltje naast mijn stoel heb klaarliggen.
Vanuit het niets begon ik een vraag op te schrijven,

waarvan ik het antwoord zonder erover nagedacht te hebben, ook op het notitieblok liet verschijnen. Dit ging zo door tot er uiteindelijk een vraag-en antwoord dialoog verscheen, zonder dat ik daar bewust over had nagedacht.

- Vraag: Hoe kan je nu uit liefde denken als je wrok jegens iemand koestert, omdat degene je iets naars heeft aangedaan.
- Antwoord: Door te vergeven.
- Vraag: Hoe kun je vergeven?
- Antwoord: Door te bidden om kracht, hulp en moed. Bidden is je wil betuigen. Je wil om te kunnen vergeven.
- Vraag: Maar je ego zal zich toch tegen die wil verzetten?
- Antwoord: Je moet ook geloven.
- Vraag: Hoe kom ik tot geloof?
- Antwoord: Door open te staan voor boodschappen en tekens. Open staan om te WILLEN ontvangen.
- Vraag: Is dit in ernstige gevallen niet een veel te zware opgave om te vergeven?
- Antwoord 1: Als je dit vermogen kunt verkrijgen en de staat van vergeving kunt bereiken, zal je een voorbeeld voor anderen kunnen zijn. Dit kun je uiten door bijvoorbeeld een boek te schrijven en zo je ervaringen met mensen die vastzitten in hun verdriet, omdat hun iets ergs is aangedaan, te kunnen delen.
- Antwoord 2: Goede berechting helpt.
- Vraag: En als iemand nu tijdens een rechtszitting bijvoorbeeld spuugt of een andere vernederende houding naar je toe aanneemt?

- Antwoord 1: Dan moet je proberen zijn gebrek in te zien.
- Antwoord 2: Besef en accepteer in ernstige gevallen dat geschiedenis niet kan worden teruggedraaid.

Een dag later, toen ik de dialoog nog eens overlas, was ik beduusd van mijn eigen antwoorden. Op die antwoorden zou ik met mijn volle verstand nooit zijn gekomen.
De volgende avond besloot ik het nog eens te proberen, maar nu met het thema 'gelijk hebben'. De meesten zullen dat nare gevoel zeker herkennen: je krijgt geen gelijk, maar je hebt het wel.
Ik nam de proef op de som. Voor ik mijn brein in de offline-modus probeerde te stellen, nam ik alvast pen en papier op schoot.
En daar ging ik weer:
- Vraag: Hoe verzet je je tegen negatieve emoties die voortvloeien als je gelijk hebt, maar het niet krijgt?
- Antwoord: Door het te laten berusten en de gedachten eraan los te laten.
- Vraag: maar je moet toch niet over je heen laten lopen?
- Antwoord: jij weet wel beter, vertrouw in jezelf.
- Vraag: maar je opgekropte irritatie dan?
- Antwoord: je kunt je gevoelens laten bezinken door in het moment te komen, dat wil zeggen focus je op het hier en nu.
- Antwoord 2: geef je gedachten rust door meditaties of muziek.

De antwoorden kwamen spontaan in mij naar boven. Het leek alsof ik door het uitzetten van mijn gedach-

ten, mijn verborgen wijsheid had opgeroepen.
En zo had ik een geniaal vraag- en antwoordspelletje met mezelf bedacht. De antwoorden die uit mijn onderbewustzijn opkwamen, vond ik niet slecht voor een eerste keer.

Nog geen week later was er een situatie waar in het vraag- en antwoordspel geen rekening was gehouden. Er had zich een akkefietje voorgedaan waarbij ik dacht gelijk te hebben, maar het niet kreeg. Het gecompliceerde hieraan was dat er een financieel belang mee gemoeid was. Mijn ego JY reageerde hierop met: 'Wat een quatsch dat vraag en antwoordspelletje. Dit probleem los je echt niet op met een potje mediteren en door louter je gedachten uit te zetten of een stukje muziek op te zetten.'
Die vlieger ging hier dus niet op. Dit was inderdaad een lastige kwestie. Als het alleen maar om wel of niet gelijk krijgen gaat, alla, maar nu ging het om veel geld, waar we allemaal hard voor moeten werken. Er moest in deze zaak dus naar een andere oplossing worden gezocht. Tijdens deze overdenking stond Unox al piepend met hoge nood voor de deur. Dat kwam mooi uit. Zo kreeg ik de tijd om met een fikse wandeling mijn gedachten te verzetten. Terwijl ik genietend van de voorjaarsbloemen over de dijk liep, bloeide er iets in mij op. Direct bij thuiskomst schreef ik de brainwave op papier. Voor zover ik het had kunnen onthouden, was dit het resultaat:

- Onderbouw je gelijk met feiten.
- Zet de bevindingen op papier.
- Reageer niet in een opwelling, maar heb geduld.

- Vraag desnoods deskundige hulp.
- Kies voor gerechtigheid in plaats van gelijk hebben.

Ik ging het meteen in de praktijk toepassen. En zo werd het spelletje, serieuze business.
Ik twijfelde of ik deskundige hulp zou inschakelen. Feit is dat ik niet als één of andere hebzuchtige haaibaai gezien wil worden, of als een assertieve freak die ten koste van anderen voor zichzelf op komt en zo ongepast haar zakken vult. Maar door het leven gaan als een lulletje-rozenwater, geeft ook niet zo'n krachtige uitstraling. Bovendien sta ik niet te springen om een eindeloos 'welles nietes' gebakkelei. Dat kost te veel energie.
Daarom besloot ik de readingkaarten te pakken. De kaarten die ik van Pé cadeau kreeg en waarmee dit boek werd voorspeld.
Ik haalde de Oracle kaarten onder het stof vandaan. Omdat ze lange tijd niet meer gebruikt waren, ging ik te werk volgens de handleiding en bereidde ik de kaartlezing voor volgens het gebruikelijke ritueel. Terwijl ik de 44 kaarten schudde, herhaalde ik in gedachte een paar keer mijn vraag: 'Wat moet ik in deze situatie doen, wat is wijsheid?'
Vervolgens spreidde ik de kaarten voor me uit op tafel. Met een bonzend hart gleden mijn ogen langs de rijen met kaarten. In een greep pakte ik er een willekeurige kaart uit. Daarbij hoef je nooit bang te zijn dat je een verkeerde kaart trekt, want de serie van 44 stuks bestaat louter uit positieve boodschappen. Toen draaide ik de kaart geconcentreerd om. En voilà, het was een afbeelding van een goeroe en er stond onder: 'Krijg meer informatie'.

Ondanks dat ik uit het plaatje begreep wat me te doen stond, zocht ik toch in de handleiding de aanvullende tekst. Ik citeer: 'Om een verstandige beslissing te nemen over de situatie waarover je een vraag hebt, heb je meer informatie nodig. Benader een deskundige over het onderwerp en vraag om advies'.
Dit was precies het antwoord dat ik nodig had.

HOOFDSTUK 13

Door een opvallende droom luidde het thema 'Dankbaarheid' zich in.
Het was op een doordeweekse dag dat ik 's morgens vóór het piepgeluid van mijn wekker ontwaakte uit een heerlijke 'feel-good' droom.
Omdat ik nog even tijd had kon ik het fijne gevoel van de droom weer naar boven halen en een paar minuutjes nagenieten van mijn nachtelijke avontuur.
Ik had gedroomd dat ik tijdens een wandeling een gebouw in liep waar ik een trap afdaalde en ineens in een overvolle feestzaal belandde.
In dat zaaltje hing een samenhang van vreemde sferen, omdat mijn droom zich in verschillende tijden afspeelde. Er was een tafel waar mensen hutjemutje op elkaar zaten met sobere kleren aan uit de jaren 70. Aan de lange tafel waar ík aan het hoofdeind neerstreek, waren de mensen fleurig gekleed en zaten allemaal 1,5 meter uit elkaar. Dat was overduidelijk een tafel met genodigden uit de tegenwoordige tijd. Als een vreemde eend in de bijt zat ik er verloren bij. Tot er opeens een vrouw in een heldere kobaltblauwe jurk aan de andere kant van de tafel een hond naar haar toe riep. Vliegensvlug kwam de hond onder één van de tafels uit de jaren zeventig vandaan gespurt. Maar in plaats dat het dier op de vrouw afvloog, kwam het al kwispelend op mij afgerend. Het beestje was zo blij toen het me zag, dat het dolenthousiast op mijn schoot sprong. Wat een lief hondje ging er door me heen en door zijn aandacht voelde ik me ineens niet meer zielsalleen.
Tijdens de knuffelscene met het hondje verscheen er ineens een grote, blinkende goudenmunt die aan de

halsband om zijn nek hing. Heel groot stond daar het getal 221 op. Meteen na die constatering zal ik wakker zijn geworden.
Nu zou JY, JY niet zijn geweest, als 'ik' niet meteen nieuwsgierig mijn telefoon erbij zou hebben gepakt om de betekenis van dit nummer op google te achterhalen. De betekenis die ik vond luidde als volgt: 'Maak in gedachte een lijst van alles, en iedereen waarvoor je dankbaar bent. Voel deze dankbaarheid'.
Maar hoe toevallig kon het zijn dat ik deze boodschap via een hondje kreeg, terwijl ik zo ontzettend dankbaar voor mijn eigen hondje ben.
Deze toevalligheid is een perfect aanknopingspunt om een anekdote te delen met Unox in de hoofdrol.
Het is namelijk zo, dat Unox op het juiste moment mijn leven is binnengewandeld. Dat was vlak nadat Paps en ik hadden besloten om niet samen verder te gaan. Zo zouden we na bijna 30 jaar lief en leed gedeeld te hebben ieder onze eigen weg gaan. Ik het mijne en hij het zijne. Waar vroeger op de schoolbanken in Amersfoort de vonk van de liefde als een vurige bliksem was ingeslagen, zorgde die inslag nu voor een alles verwoestend vuur. Goede tijden van welvaren en geluk veranderden in slechte tijden van tegenspoed en malheur.
Het werd een pittige tijd. In het buitenland wonen met opgroeiende pubers is geen makkie als je er alleen voor staat. Het voelde als een amputatie waarbij een sterk been was weggeslagen en ik achterbleef met één wankelend been op een bevende bodem. Daar kwam nog eens bij dat familie en hartsvriendinnen in Nederland woonden, zodat ik niet even langs kon fietsen voor een bakkie troost. En vanwege de in Luxemburg ingebur-

gerde en schoolgaande kids, was er voor mij geen weg terug naar mijn vaderland.
Maar tijdens deze narigheid verscheen er van het ene op het andere moment een hele vrolijke slinger in mijn leven, die er een plezierige draai aangaf en ervoor zorgde dat ik langzaam maar zeker het leven weer kon toejuichen.
Het zal ongeveer 4 weken na Paps' vertrek zijn geweest dat ik de kinderen in een opwelling voorstelde om een hondje, maatje onder de knie, aan te schaffen als dat op ons pad zou komen. Zo zouden de kinderen als ze uit school kwamen wat gezelligheid om hun heen hebben. Onverwachts reisde ik vlak na die opwelling en net voordat de zomervakantie begon, naar mijn moeder in Nederland af. Haar Birmaanse kater was overleden, en ik zou samen met haar een nieuwe poes gaan ophalen bij een familie in het Gooi. Ze hadden daar heel veel katten en konden er wel eentje missen.
Op het moment dat ik met mijn moeder bij de woning aanbelde, hoorden we een hevig geblaf. Bij binnenkomst bleek het gekef van een klein hondje afkomstig te zijn dat ondanks zijn kleine formaat, heldhaftig indruk op ons probeerde te maken. Toen we vanwege de smalle gang vlak langs het hondje liepen, veranderde zijn toon in een angstaanjagend gebrom. Met de oren in de nek en een opgetrokken bovenlip maakte hij venijnig zijn scherpe tanden zichtbaar. Ik draaide hem de rug toe en vluchtte de woonkamer in, want voor hem waren we niet gekomen en op een beet zat ik niet te wachten.
Terwijl mijn moeder instructies inzamelde bij de vrouw des huizes over poeslief, was ik in gesprek geraakt met de heer des huizes over 'woefke'.

Als je het over de duivel hebt, trap je hem op zijn staart, want heel timide verscheen om het hoekje van de deur het blafkeesje. Wat zag hij er schattig uit met zijn recht opstaande oortjes, zijn slanke snuitje en lange, ruige staart. Hij leek op een vos. Nieuwsgierig kwam hij met zijn uitstekende snuit bij me, en hij zag er helemaal niet meer zo boosaardig uit als hoe hij zich in de eerste instantie had voorgedaan.
'Wat een guitig diertje,' merkte ik geamuseerd op. 'Hoe heet hij?'
'Hij heet Unox, en mocht je interesse in hem hebben, hij is vandaag in de aanbieding,' zei de man bloedserieus, en daarbij snoof hij nog even zijn neus op.
'Hoezo dat?' vroeg ik nieuwsgierig.
'Nou, omdat wij volgende week op vakantie gaan en geen ruimte voor het dier hebben. Hij is namelijk een asielzoekertje die wij hier hebben opgevangen. Als je wilt mag je hem op proef meenemen,' zei hij bondig.
En zo zat Unox nog geen 3 uur later achter bij mij in de auto op weg naar Luxemburg.
Eenmaal thuis begon al snel de discussie met mijn dochters over een naamswijziging. Ik zei tegen mijn meiden: 'Jongens, verzinnen jullie eens een mooie naam voor onze nieuwe aanwinst, want een hondje dat Unox heet kan natuurlijk niet. Wat dachten jullie van Fox?' Maar mijn dochters wilden er helemaal niets van weten. Hij heette nu eenmaal Unox en die naam paste precies bij hem, vonden zij. Nu staat Unox niet symbool voor een worst in Luxemburg, want ze kennen daar geen rookworsten noch het merk Unox. Zodoende kon ik er toch mee leven. Het zou immers niet gênant zijn als je hem in het openbaar zou roepen. Integendeel zelfs.

De Luxemburgers vonden het zo'n unieke leuke naam. Ik durf te wedden dat Unox de enige hond in Luxemburg is die zo heet. En als we in Nederland zijn, houd ik hem gewoon goed aan de riem, zodat ik hem niet hoef te roepen. Het probleem was daarbij van de baan. Altijd ben ik er dankbaar voor geweest dat ik in één van de moeilijkste periodes van mijn leven met mijn dierenvriendje in de bossen en velden van Luxemburg eindeloze wandelingen kon maken.
We liepen samen over de Aarnescht, een prachtig ongerept natuurgebied op een heuvel tegenover ons huis. Het gebied is bekend om de verschillende orchideeën die er groeien, en door de zuidelijke helling heerst er een uniek klimaat dat daarom wel wordt beschreven als een gebied met een mediterraan karakter.
Met mijn blijmoedige diertje, dat tijdens de wandelingen voor me uit liep, kon ik mijn emoties die ontstaan waren na de scheiding, stuk voor stuk rangschikken. Daarbij hielp de vrolijke gemoedsstemming van Unox mij, want zoals het spreekwoord zegt: goed voorbeeld, doet goed volgen.
Het is dan ook niet zo gek dat ik ondanks de moeilijke periode waarin ik toen verkeerde, met gepaste vreugde en dankbaarheid terugkijk.
Ondertussen was het jaren later en was ik de sombere episode in mijn leven allang weer te boven gekomen en had ik alles zo goed en kwaad weer op de rit gekregen. Langzaam ging bij mij het besef groeien dat mijn trouwe viervoeter hier deel aan had. Hij had mij door sombere en eenzame tijden gesleept.
Hoe zou het me af zijn gegaan zonder dat diertje, vroeg ik me steeds vaker af. Het leek alsof hij speciaal voor

mij bestemd was en zijn aanwezigheid zo had moeten zijn.
Op een dag leek dit vermoeden een magische bevestiging te krijgen. Het was in de tijd dat ik op bezoek was geweest bij de hypnotiseur en daar voor het eerst over het bestaan van engelentekens had gehoord. Een poosje daarna besloot ik een schietgebedje af te vuren met de vraag om mij een engelenteken te geven als het inderdaad zo was dat ik Unox niet uit toeval had gekregen, maar dat hij een cadeautje 'uit de Hemel' was. Toen ik vervolgens in Nederland verbleef, viel het me op dat er een witte vlinder steeds in mijn blikveld kwam. Iedere keer als ik op het terras in de achtertuin zat, kwam het koolwitje langs me heen gevlogen en legde steeds dezelfde route af. Ze kwam over de schutting van de buren gevlogen, waarna ze vervolgens over de poortdeur naar de voortuin vloog. En waarachtig, als ik in de keuken stond, kwam ze ook nog voorbij het keukenraam gevlogen. Het begon me zo op te vallen dat ik het niet kon nalaten het aan Pé te vertellen. En die kon het beamen.
Een weekend later toen ik wéér in Nederland was, gebeurde precies hetzelfde. Het koolwitje legde continu dezelfde route af.
En toen volgde de maandag na dat weekend het magische moment.
Ik zat achter de computer in de voorkamer te werken, toen ik opeens zonder enige reden opstond en naar de schuifpui liep. In de tuin zag ik Unox rollebollend door het gras kroelen met vlak boven zijn kop het koolwitje. Geschrokken bleef ik stokstijf in de opening van de schuifpui staan. Stel je voor dat Unox met z'n poot uithaalt en het vlindertje uit de lucht slaat met alle vre-

selijke gevolgen van dien. Dat doet hij met vliegen ook, die haalt hij met zijn happende bek gemakkelijk uit de lucht en slokt ze vervolgens naar binnen. Nadat hij ze verslonden heeft, likt hij uitgebreid met zijn tong heen en weer over zijn snuit als bevestiging dat het hapje gesmaakt heeft.
Maar nu deed hij dit niet. In tegendeel. Hij liet zich wulps aanhalen en buitelde via zijn rug van de ene naar de andere kant, terwijl het vlindertje dartelend boven zijn kop bleef rondcirkelen.
Beduusd sloeg ik het tafereel wat zich midden voor mijn aanblik afspeelde nauwlettend gade. En toen gebeurde er na een paar seconde iets mysterieus.
Het was alsof de vlinder in de gaten kreeg dat ik in de opening van de schuifpui stond, want ze vloog ineens zonder te haperen in één vlucht recht op mij af. Ik voelde een kroelend gewapper tegen mijn voorhoofd. Na ongeveer 3 seconden, maakte ze een zwenk naar links en vloog fier van me weg, net alsof haar missie erop zat. Terwijl ik met mijn mond open haar nakeek, borrelde er een enorme golf van liefde voor het koolwitje bij me op. Vanaf dat moment heb ik het witte vlindertje nooit meer hetzelfde pad zien afleggen. Ze was voorgoed uit beeld verdwenen.
Deze waarneming deed mij vermoeden dat Unox niet alleen figuurlijk, maar ook letterlijk een 'geschenk uit de hemel' is.

Voordat ik de levendige droom met het getal 221 doorkreeg, had ik last van een steeds scherper wordend pijnpunt. Unox is inmiddels een 'oldtimertje' aan het worden. Daarom begon ik steeds meer op te zien tegen de dag waarop zijn mandje voorgoed leeg zal blijven.

De angst voor het afscheid van mijn trouwe makkertje deed me bij voorbaat in rouw verzinken. Dat is zo'n rotgevoel! In plaats van intens te genieten van mijn hondje zolang hij er nog is, kon ik dat vanwege mijn angst om hem te verliezen niet meer.
Op een dag vond ik dat deze angst, als vijand van geluk, verslagen moest worden en deed ik daarvoor een schietgebedje, want zo kon dit niet verder. Vlak na mijn hulpbede kreeg ik de droom over het hondje met het nummer 221 door. De betekenis van het nummer 221 liet me ervaren dat je door dankbaar te zijn, angst kunt verminderen en het verdriet kunt verzachten. De positieve werking van het fijne gevoel van dankbaarheid geeft je kracht en moed!
De droom met nummer 221 gaf me nog een tweede lesje over het effect van dankbaarheid: als je een lijst maakt van de dingen waar je dankbaar voor bent, ervaar je een enorm gevoel van overvloed en tevredenheid.
Probeer dat zelf maar eens uit dan zal je zien wat ik bedoel.

HOOFDSTUK 14

Naarmate je in het proces van bewustwording steeds meer je ondeugden opmerkt, en daardoor tot positieve gedragsveranderingen komt, zal er een tijd aanbreken dat je de vruchten hiervan kunt plukken. Dit is geen illusie. Aan de hand van een journaal uit mijn dagboek kan ik hiervan de bewijsstukken leveren.
Omdat ik de eerste dagen van de week afspraken in Nederland had en de laatste dag van die week mijn moeder 90 jaar oud werd, was ik slechts voor één dag naar Luxemburg gereden.
Toen een collega vroeg waarom ik speciaal voor één dag werken naar Luxemburg was gereden, zei ik gekscherend dat ik dat deed omdat ik onmisbaar zou zijn. En toen gebeurde er iets heel bijzonders. Wat als geintje van mij bedoeld was, werd heel serieus beantwoord met een reusachtig compliment: 'Dat is inderdaad juist dat jij hier onmisbaar bent, je bent één van de meest accurate arbeidsnemers die hier werkt'.
'Huh,' zei ik flabbergasted. 'Ja, dat heb je goed gehoord, ik meen wat ik zeg,' kreeg ik als reactie terug.
Dat was een waarderende opmerking die ik mooi in mijn zak kon steken. Omdat ik me niet kon heugen zo gemakkelijk een complimentje te hebben kunnen ontvangen, vermoed ik dat dit aan mijn positieve gedragsverandering was toe te schrijven.
Dit was een concreet voorbeeld van de uitdrukking 'Wat de mens zaait zal hij oogsten'. Als jij positiviteit creëert, zul je van de mensen om je heen ook meer positiviteit terugontvangen. Dat is de universele wet van karma, oftewel de wet van oorzaak en gevolg.

Vol trots vertrok ik na mijn werkzaamheden richting het kikkerlandje.

Daar stond me een week later alweer een plezierige happening te wachten. De communieceremonie van familielidje Finn, die in het voorjaar in verband met covid was uitgesteld, vond toen alsnog plaats. Vanwege corona ging dit festijn er anders aan toe dan 2 jaar geleden, toen zusje Janna haar eerste heilige communie aflegde. Dit keer mochten alleen genodigden de kerk naar binnen, zoals opa's en oma's, en daar hoorde ik helaas niet bij. Maar dat weerhield me er niet van om te proberen vóór de kerkdienst zou beginnen, een glimp op te vangen van de hoofdpersoontjes in kwestie. Voorafgaand aan de plechtigheid begeleidt normaliter een fanfare de stoet met genodigden, vanaf het schoolplein naar de kerk. Dat zou de mogelijkheid kunnen bieden om langs de kant van de weg toch een moment van dit bijzondere evenement te kunnen genieten. En die kans wilde ik me niet laten ontnemen. Om me die zondagochtend niet te verslapen, had ik speciaal voor de gelegenheid mijn wekker gezet. Na twee stevige koppen koffie en een krentenbol vertrok ik richting Borgharen. Dat is een uithoek die tussen het Julianakanaal en de Maas ligt en onder de gemeente Maastricht valt.
Om het te bereiken, moet je eerst de brug van het Julianakanaal oversteken. Toen ik daar kwam aanrijden, sprong het stoplicht voor de brug op groen.
De enige verkeersdeelnemer die netjes stond te wachten op het bevrijdende groene licht begon langzaam voor me uit te rijden. Voor de zondag was het nog vroeg om al onderweg te zijn, dus trok ik meteen

de conclusie dat die auto dezelfde bestemming zou hebben als ik. In het dorpje Borgharen waan je je aan het einde van de wereld. Het moet wel haast je eindbestemming zijn, want er is geen weg vooruit, alleen terug naar Maastricht.

Eenmaal daar sloeg de vierwieler voor me rechtsaf. Ondanks dat de kerktoren aan de linkerkant boven de huizen uitstak, volgde ik instinctief als een kuddedier de weg naar rechts achter mijn voorganger aan. Gemakshalve ging ik ervan uit dat hij zou weten waar je in dit oord met je auto terecht kunt, want vanwege de nauwe straatjes rondom de kerk is er geen ruimte om in de nabijheid je auto te zetten. Het blindelings volgen van de vierwieler bleek de verkeerde keuze, want de wagen kapte zijn rit voor een huis af en draaide er de oprit op. Toen moest ik zelf een plaats voor mijn heilig koetje zien te vinden in de buurt van de kerk.

Onderweg naar Borgharen had ik zitten overpeinzen hoe mooi het zou zijn als ik toch een zitplaatsje in de kerk zou kunnen bemachtigen. Zachtjes had ik hiervoor een schietgebedje gedaan. Ik vermeldde erbij dat ik niet vrijpostig uit mezelf zou gaan zitten, maar alleen als ik daar een aanwijzing voor zou krijgen.

De reden dat ik graag in de kerk wilde zitten, waren de mooie herinneringen aan de communieviering van Finns zusje, Janna. Toen was de hele ceremonie georganiseerd door de ouders en de schooldocenten, en uitgevoerd door de kinderen zelf. Vooral het liedje dat over kleuren ging, staat me nog bij, waarvan het refrein luidde: ‘Kleuren, kleuren, allemaal kleuren, rood, oranje, geel, groen, paars en blauw. God bedacht die prachtige kleuren, anders was alles zo grijs en grauw’.

Het liedje sprak me enorm aan, want ik had er nooit

eerder bij stil gestaan dat zonder kleuren alles grijs en grauw zou zijn. Wat zou dat een ongezellige, saaie boel zijn geweest. Het versje eindigde met: 'Zon en regen samen? Kijk dan eens omhoog en dan zie je al die kleuren in de regenboog'.
Toen besefte ik me pas hoe bijzonder kleuren zijn. Dat ze zelfs de kracht in zich hebben om je stemming op te fleuren.
Na 'sightseeing Borgharen' vond ik aan de rand van het dorp een parkeerplaats en manoeuvreerde mijn mazdaatje soepel achter een Spaanse bak. Toevallig had deze auto 4444 op zijn kentekenplaat staan. Een heel kansrijk nummer, als je daarin gelooft.
Ik liep naar de kerk. Daar stonden drommen met mensen voor de kerkdeuren te wachten om naar binnen te komen. De kans dat mij dat als ongenodigde zou lukken, had ik meteen opgegeven. Op het pleintje voor de kerk bleef ik staan kijken naar het groepje communicantjes dat zich samen met de pastoor daar verzameld had. Wat zagen die kinderen er allemaal mooi uit. De meisjes in parelwitte jurkjes en de jongens strak in pakjes. Het was zo beeldig om te zien.
Langzaam had het publiek zich in de kerk verspreid en stond ik als enige toeschouwer nog op het pleintje. Finn bleef steeds achteromkijken om te zien of ik er nog stond. Daarom maakte ik geen aanstalten om te vertrekken. Om de laatste glimp van hem te kunnen opvangen, wilde ik net zolang blijven staan tot de kerkdeuren voor mijn neus zouden dichtvallen.
En toen begon in de kerk de muziek te spelen waarop de voorovergebogen pastoor en de communicantjes Gods huis binnentraden.
Het was zo ontroerend om te zien, dat het maar goed

was dat ik niet in de kerk zat, want nu kon ik ongezien een zakdoek uit mijn tasje pulken om de waterlanders van mijn wangen te vegen. Daar stond ik dan, zielsalleen achtergebleven buiten op het kerkpleintje met mijn snotlapje in de hand.
Toch leek het geluk me toe te lachen, want de kerkdeuren bleven om reden van wat frisse lucht geopend. Stapje voor stapje liep ik richting de statige deuren van de ingang, totdat ik in het portaal was beland. Terwijl ik op mijn zondagse schoenen met mijn gewicht van de ene op de andere hak heen en weer stond te wiebelen, wees een alerte man me op het allerlaatste - coronaproof - vrije plekje, achter in de kerk. Ik knikte even vriendelijk naar hem en stoof erop af.
Zo daar zat ik, dat had ik mooi voor elkaar!
Net als de vorige keer was de viering in een kinderwoordendienst. Het woord zegt het al, een dienst op het niveau van de kinderen waarbij ze zelf de grootste vinger in de pap hadden. Ik hoorde ze een prachtig lied zingen dat me tot nadenken triggerde. Voor zover ik me het lied kan herinneren, ging het hierover: Jij bent jou en ik ben mij. En dat we allemaal heel bijzonder en speciaal zijn met een uniek karakter.
Tijdens dit liedje kwam hetzelfde besef in me op als de vorige keer, toen het liedje over de schepping van de kleuren ging. Ook nu besefte ik me dat het een eentonige en saaie boel zou zijn geweest als we allemaal hetzelfde waren.
En zo had dit prachtig festijn mij wederom een mooie dag vol bezinning opgeleverd.
Achteraf hoorde ik, toen ik de kerk besloop, dat ik nauwlettend in de gaten was gehouden door twee kinderoogjes. Janna zat bij het ritueel keurig netjes voor-

aan naast haar moeder in de kerk. Maar ondertussen hield ze haar moeder op de hoogte over hoe ik mijn 'stiekeme' intrede in de kerk deed: 'Mam,' fluisterde Janna terwijl ze haar moeder een por gaf, 'Jeannet staat nog alléén buiten'. Ongeveer twee minuten later deelde ze haar moeder met een begeleidend stompje mede: 'Mam, Jeannet staat bij de kerkdeuren'. En als afsluiting volgde: 'Mam(!), Jeannet zit achter in de kerk!'
Van zulke aandacht kan ik zó genieten!
En wat geweldig dat ik toch nog een plaatsje in de kerk had kunnen veroveren!
Toen ik bij mijn trouwe dienstdoener terugkwam, stond daar nog steeds de auto met nummer 4444 voor geparkeerd.
Met een glimlach op mijn gezicht zei ik stilletjes: 'Bedankt hè!'

HOOFDSTUK 15

Ook al had ik inmiddels de vruchten geplukt van de positieve veranderingen in mijn gedrag en denkwijze, er stond me toch weer een uitdaging te wachten die niet kinderachtig was.
Voor het eerst in de 40 jaar dat ik mijn rijbewijs heb, raakte ik 's morgens vroeg toen het nog pikkedonker was, in Duitsland betrokken bij een verkeersongeval. Een dag voor dit miserabele ongeluk gebeurde, deed ik in de supermarkt een mysterieuze ervaring op waarbij het leek alsof mijn beschermengel mijn aandacht trok. Op een prachtige nazomerse dag besloot ik om in Maastricht te gaan shoppen. In 2016 is daar de Koning Willem-Alexander tunnel geopend waar vandaag de dag de A2 doorloopt. Voorheen ging de A2 dwars door Maastricht, daar ben ik vroeger heel wat keertjes overheen gejakkerd met mijn twee kleine nazaatjes achter in de auto, op weg naar Holland om daar familie en vrienden te bezoeken.
Tegenwoordig is er op de plaats van de voormalige A2 een twee kilometer lange Groene Loper gekomen die over de nieuwe tunnel heenloopt. Om wat nostalgische gedachten bij me naar boven te halen, besloot ik neer te strijken op een terras dat precies op de plek ligt waar ik vroeger overheen raasde.
Het verlaten van mijn Vaderland had mij als familiemens destijds vaak heimwee bezorgd. Daar kwam bij dat ik als verstokt gewoontedier niet graag buiten mijn comfortzone treed, wat inhoudt dat ik moeilijk opensta voor (radicale) veranderingen en ik liever vasthoud aan vertrouwde gewoonten. Het was dus een hele uitdaging om te proberen er 'in den vreemde' het

allerbeste van te maken en de plaaggeest, die Heimwee heet, te overwinnen. Uiteindelijk is dat gelukt. Luxemburg is een heel mooi land om in te wonen. De mensen zijn er gastvrij, waardoor ik mij goed heb kunnen inburgeren.
Een bijkomend positief punt is dat tussen de Luxemburgers en de Nederlanders een gevoel van verbondenheid bestaat. Dat klinkt misschien vreemd, maar toch is dat zo. Je zou dat kunnen toeschrijven aan het historisch feit dat meerdere 'Willems' van Oranje-Nassau, Koning der Nederlanden waren en tegelijkertijd Groothertog van Luxemburg.
Een interessant weetje is dat in het Luxemburgse grensplaatsje Vianden een mooi kasteel staat. Ooit was dit kasteel in het bezit van de eerste Prins Willem van Oranje die ook groothertog van Luxemburg was. Tot en met Willem III zaten de Oranjes op de troon in Luxemburg. Toen in 1890 Wilhelmina op de troon in Nederland kwam, nam een andere tak van de familie Nassau de regering in Luxemburg over. Zo zijn we dus van oorsprong familielanden. Deze verbondenheid heeft ervoor gezorgd dat ik me in Luxemburg nooit een vreemde eend in de bijt heb gevoeld.
Voordat ik het wist, had ik met mijn gemijmer al twee koppen koffie en een borrelglaasje advocaat met een muts slagroom naar binnen gewerkt, en werd het tijd om weer in de benen te komen.
Op weg naar het parkeerterrein viel mijn oog op een supermarkt. Dat kwam goed uit, want ik wilde me onder andere nog van wat krentenbollen voorzien om de volgende dag mee naar Luxemburg te nemen. Krentenbollen zijn van die oer Hollandse producten die ik in Luxemburg mis.

Tijdens mijn rondje supermarkt koos ik nog wat gruttерswaren uit die ik in mijn mandje laadde. Toen ik mijn boodschappen bij de zelfscankassa had gescand, zag ik dat het totaalbedrag aan boodschappen uit was gekomen op 15 euro en 45 cent. Opeens schoot me te binnen dat ik mijn bonuskaart niet gescand had. Toen ik dat alsnog deed, gebeurde er iets frappants. Het totaalbedrag op de display, inclusief de kortingen, floepte op 14,11. Het getal dat mijn helpende-beschermengel symboliseert! Wat een bizar toeval!

Het was pikkedonker toen ik de volgende dag vanuit Nederland iets na vijven naar Luxemburg vertrok. Het klinkt misschien gek, maar ik verheug me er altijd op om voor dag en dauw af te reizen. Dat komt omdat op dat tijdstip de straten nog zijn uitgestorven. Diep vanbinnen veroorzaakt dat zo'n moedig gevoel in mij dat ik van trots tijdens de rit hierdoor telkens geluksmomentjes ervaar. Maar die bewuste ochtend werd mij die verrukking niet lang gegund, want nog geen anderhalf uur na mijn vertrek verscheen er met een knal een nieuwe uitdaging om positief te blijven op mijn pad. Onderweg had ik stevig oponthoud. Eerst in België, en nadat ik de grens met Duitsland was overgestoken, werd ook daar mijn reis door wegwerkzaamheden belemmerd. Omdat de omleidingsborden in het pikkedonker moeilijk zichtbaar waren, verminderde ik tijdens het naderen van een t-splitsing mijn snelheid tot stapvoets. En toen was het in één keer vanuit het donkere niets 'BAM'. Een gitzwarte Volkswagen Golf, die scheef van rechts komend me de weg afsneed, had ik over het hoofd gezien.

Geschrokken scheerde ik met een noodvaart het lage struikgewas van een groenstrook in. Van links naar rechts en van voor naar achter denderde het (groot) verkeer aan mij voorbij. Ik was verzeild in een uitermate penibele situatie. Beduusd vroeg ik me af hoe dit in hemelsnaam gebeurd kon zijn. Ik rijd als een door de wol geverfde automobiliste al meer dan veertig jaar netjes schadevrij. Mijn wagentjes hebben in het verkeer nog nooit een butsje opgelopen. Zelfs niet bij het parkeren. En dat terwijl ik in mijn leven heel wat kilometers op de teller heb gezet. Op de vraag die ik mezelf hardop stelde waarom ik zoveel hindernissen moet ondergaan, kreeg ik uit mijn gedachte het volgende antwoord: 'Als er in je leven geen opmerkelijke dingen gebeuren, kan je er ook geen boek over schrijven. Beschouw dit maar als een buitengewone bron van inspiratie'.
Het ligt in mijn aard om lichtpuntjes in negatieve situaties te zien, daarom nam ik met deze ingeving meteen genoegen. Zulke vraag- en antwoordspelletje met mezelf werken doorgaans perfect. Het geeft me vaak dit soort lumineuze inzichten door.
Voordat ik de moed bij elkaar had geraapt om de auto uit te stappen en de ernst van de situatie onder ogen te komen, zag ik opvallend vaak het getal 40 opduiken. Zo stond de triptellerstand op 40 en was het tegelijkertijd 6.40 op de klok. Volgens de numerologie vertelt het getal 40 dat je beschermengelen nabij zijn. Dat gaf me een gerustgesteld gevoel om de realiteit aan te gaan. Het zag ernaar uit dat ik een engeltje op mijn schouder had, want ten opzichte van de klap viel de materiële schade bij mij reuze mee. Maar bij de tegenpartij bleek helaas het tegenovergestelde een feit. De linker kant

van haar auto was vanaf het voorportier tot aan de achterbumper flink bekrast en in elkaar gedeukt. Gelukkig was de tegenpartij een vriendelijke jonge dame. Ze deed me aan mijn eigen dochters denken omdat ze ongeveer even oud was en erg sympathiek. Bovendien reed ze in dezelfde zwarte Volkswagen Golf als mijn beide kinderen.
Rustig hielp ze me bij het opzetten van de gevarendriehoek die ik nog nooit in mijn leven had gebruikt. Omdat ik heel ongelukkig geparkeerd stond, nodigde ze me uit om in haar auto plaats te nemen. Na de politie gealarmeerd te hebben, konden we die pas drie kwartier na het incident begroeten.
Achteraf gezien beoordeel ik mijn reactie op deze zware beproeving met een dikke voldoende, want ik was ondanks alles heel tolerant gebleven. Toen de politieagente zei dat ik volledig schuld had en ze me op grond van dit - naar mijn mening - onterechte oordeel zonder pardon op de bon slingerde, bleef ik meer dan beleefd. Maar van binnen had ik stevig de pee in. Hoe kon ze dat nou doen? had ik me verontwaardigd afgevraagd. De dienders waren immers een poos na de klap komen aanzakken, dus kon dat vrouwmens helemaal niet weten wie er schuld had. Bovendien wist ik zeker dat ik niet de veroorzaker van het ongeval was. Maar zonder foto's valt dat niet te bewijzen, en als automobilist in het buitenland heb je dan geen poot om op te staan.
De agente negeerde mijn versie van de situatie totaal. Als aanvullend bewijs van mijn onschuld had ik haar de verse remsporen laten zien die de andere bestuurder had veroorzaakt. Maar daarop antwoordde de politieagente zonder een spier te vertrekken: 'Nee, die rem-

sporen zijn van een andere aanrijding'.
Terwijl de politieagente de '1,5 meter afstand' niet in acht nam, gaf ze me wel het bevel om mijn mondkapje af te doen. Al vond ik dit hooguit vervelend, onthield ik me van commentaar.
Het voelde allemaal respectloos en zeer onrechtvaardig. Desondanks had ik er toch iets van opgestoken: nu weet ik hoe het voelt om als buitenlander gediscrimineerd te worden. Verschrikkelijk!
Nadat de politieagente met de nodige formaliteiten het accident had vastgelegd, kon ik weer gaan. Ook al was ik niet in de veronderstelling dat ik ooit nog oog in oog met de dienstdoende agente zou komen te staan, riep ik beleefdheidshalve toch 'Auf Wiedersehen'.
Om te proberen wat tijd in te halen, ging ik er als een haas vandoor. En wederom zag ik meermaals het getal 40 opvallend verschijnen. Hierdoor kreeg ik het idee dat er een reden was dat ik dit had moeten meemaken. De hele dag had ik het euvel goed van me af kunnen zetten en had ik zelfs de Bach Rescuespray, het middeltje om je gemoederen te sussen, onberoerd gelaten. Maar 's avonds kreeg ik weer mijn bedenkingen waardoor ik in de rusteloosheidsmodus schoot.
Opvallend genoeg had ik namelijk die ochtend, tussen alle veertigen door, een kentekenplaat op me af zien komen met het nummer 666 erop. En ik heb me eens laten wijsmaken dat 666 het getal van 'het Beest' is. Met dat beest zou de Duivel bedoeld worden. Jakkes, zou die dan ook hier van de partij zijn, vroeg ik me bevreesd af. Ogenblikkelijk zette ik koers op de elektronische weg om me te laten informeren.
Gelukkig bleek dat de associatie van het getal 666 met het Beest ver afstaat van wat de numerologie hierover

te zeggen heeft. Bij de numerologie word je er met dit nummer op gewezen dat je naast positief denken, vooral tolerant moet blijven en je door niets van de wijs moet laten brengen. Ik had dus zonder het te weten in lijn met deze interpretatie gehandeld, want ik was ondanks alle frustraties heel gemanierd gebleven tijdens het onderhoud met de politie.

Na deze geruststelling viel ik in slaap. Totdat er midden in de nacht iets op de grond viel dat me uit mijn slaap haalde. Terwijl ik me loom omdraaide, kreeg ik een vage gedachte door die me op de wekker liet kijken. Het was precies 2.20.

Dat deed de kriebels door mijn lijf heen jagen. Dit is namelijk weer zo'n magisch getal waar zoals bij de vorige keren een droom op zou kunnen volgen. Eerder werden dromen al vooraf aangekondigd met dubbele getallen of een getallencombinatie op de wekker. De gedachte om weer met een mysterieuze droom geconfronteerd te worden, maakte me onrustig. Daarom besloot ik me in slaap te mediteren, zodat ik mijn gedachten uitzette en rust kreeg in mijn hoofd.

Een paar uur later kreeg ik in een droom een helder beeld van een mozaïek voor me. De stukjes bestonden uit langwerpige, horizontale scherven in fonkelende kleuren groen. Het beeld zag eruit als een theaterdecor, want voor het mozaïek langs zweefden allerhande rekwisieten voorbij, zoals een gevechtsmasker, een zwaard, een leeg harnas, een aktetas en een ceremoniele-outfit. Het geheel deed heel mysterieus aan, want achter de coulissen zat op een troon een schim die op een hooggeplaatst persoon leek.

Terwijl ik van het rustgevende, groen gekleurde droombeeld genoot, liet de wekker hoorbaar weten dat

het half 6 was. Zoals ik anders bijna nooit doe, drukte ik de wekker op de sluimerstand, zodat ik nog even heerlijk kon snoezen. En merkwaardigerwijs zette de droom zich ondanks de onderbreking met hetzelfde kleurrijke decor voort. Totdat er opeens een groot oog haarscherp voor het beeld verscheen dat straal langs me heen keek. Het oog deed het mozaïek als een wolk oplossen en zoog de mistflarden vervolgens volledig in zich op, waarna het decor met oog en al in zijn geheel verdween.
Wat de betekenis van deze droom kon zijn, was me niet duidelijk, maar soms zal de tijd het leren.

Een paar dagen later lag ik op een tuinbedje terug te blikken op de spectaculaire events van de afgelopen week.
Het ongeluk was er de oorzaak van dat er een volgend beletsel bij mij in de weg stond. De zwarte Volkswagen had ik in het donker totaal niet zien aankomen, en die gedachte maakte een diep besef van mijn kwetsbaarheid in me los.
Dit beklemmende gevoel werd extra versterkt vanwege het feit dat er op het traject naar mijn werk overal bouwplaatsen waren op de snelwegen. Zowel bij Verviers als bij de alternatieve route via Luik, lagen de snelwegen op de schop waardoor het onmogelijk was om aan de wegversperringen te ontsnappen. Reden genoeg om me daar druk over te maken en er afschuwelijke voorstellingen over te fantaseren. Zo zou ik in het donker, door de slechte markeringen bij wegwerkzaamheden, over het hoofd kunnen zien wie er voorrang heeft. Uit ervaring weet ik dat bij wegomleggingen in België soms geen of weinig invoegruimte

ter beschikking wordt gesteld en je zodoende pardoes naar een voorrangsspoor wordt geleid. De gevolgen van een ongeluk zouden dan veel ernstiger kunnen zijn dan die van vorige week, waar het voor mij eigenlijk met een sisser was afgelopen. De schade aan mijn auto was zo minuscuul dat ik slechts een watervaste stift nodig had om de letters op de kentekenplaat bij te kleuren. Vervolgens had ik met een emmertje sop en een sponsje de zwarte vegen weggepoetst die de banden van de tegenligger tijdens de aanrijding op de bumper hadden achtergelaten. Maar stel je toch eens voor wat ervoor engs had kunnen gebeuren.

Toen naderde de dag dat ik 's morgens in alle vroegte er weer op uit moest. In de nacht van mijn vertrek lag ik de meest vreselijke rampscenario's te schetsen. In een smeekbede vroeg ik om hulp: 'Help me om me van die enge gedachten af te laten komen'. Ik vervolgde met: 'Ik ben zo bang om bij een provisorische snelwegomlegging door slecht zicht een voorrangsteken te negeren, waarbij ik tegelijkertijd het aanstormende en aanjakkerende verkeer in het duister niet zie'. Op dat moment werden mijn gedachten opeens onderbroken met een stemmetje dat me doordringend aansprak:
'**IK** zie het wél Jeannet'.
Hé, dacht ik, op diezelfde toon ben ik al eens eerder midden in de nacht aangesproken. Het was zo herkenbaar, omdat het toen ook zo luid en duidelijk mijn voornaam erbij noemde. Het was in de periode geweest nadat Paps en ik door echtscheiding uit elkaar waren gegaan. In die tijd beleefde ik veel angsten omdat ik me voor de leeuwen gegooid voelde. Overal leek ik in te falen: mijn huwelijk dat na een relatie van

tientallenjaren stuk was gelopen, de opvoeding van de kinderen die door mijn angsten en onzekerheden te wensen overliet, mijn werk waar ik niet meer afdoende kon functioneren en zo kon ik nog wel wat meer faalmanoeuvres opnoemen. De zin van het leven was me totaal ontnomen, niet alleen door al mijn angsten, maar ook omdat mijn toekomst perspectief was weggevaagd en mijn dromen in duigen waren gevallen.
In een nacht was ik toen door mijn zwaarmoedige gepieker ten einde raad geweest en had ik net als nu in een schietgebedje om hulp gesmeekt: 'Help me, help me toch, dit kan ik niet meer alleen. Ik zie hier geen gat meer in!'
Midden in mijn smeekbede weerklonk toen plots in mijn hoofd een geluid met een zeer duidelijke en overtuigende klank: 'Jeannet, blijf zoals je bent'.
Deze woorden gaven me een gevoel van goedkeuring, alsof ik het ondanks alles toch goed deed. Het klonk zo geruststellend dat ik me omdraaide en meteen in slaap viel.
Met deze noodkreet 'help me, help me toch' heb ik toen de hulp van engelen ingeroepen die mij zelfvertrouwen en doorzettingsvermogen hebben gebracht. Het kan niet anders zijn dat hogere krachten hier een rol bij hebben gespeeld, want een paar maanden later manifesteerde zich een ongelooflijk mirakel in mijn leven: ik werd in Luxemburg gebombardeerd tot verzekeringsmakelaar waarvan ik de vergunning ondertekend door de Minister van Financiën in ontvangst mocht nemen. Ondanks dat het me bloed, zweet en tranen gekost had vanwege studie en het updaten van vakkennis, kun je dit zeker een wonder noemen.
Dit succes had trots in me opgeroepen. Het positieve

gevoel hiervan maakte de weg vrij naar nieuw geluk, want geluk haal je uit trots zijn op wie je bent.
Nu zal je begrijpen dat de toegesproken woorden **'IK** zie het wél Jeannet', me zelfvertrouwen gaven.
Het feit dat mijn IK me vanuit mijn onderbewustzijn toespreekt, kun je toch pure magie noemen! Dit doet (wederom) vermoeden dat mijn IK in verbinding staat met bovennatuurlijke krachten. Sterker nog: in dit geval doet het me geloven dat mijn eigen IK mijn beschermengel is.
Na deze geruststelling durfde ik het weer aan om vóór ochtendgloren in het pikkedonker achter het stuur te gaan zitten. Voordat ik vertrek, vuur ik voortaan een schietgebedje af zodat mijn IK geactiveerd wordt.
Natuurlijk doe ik voorzichtig onderweg, want vertrouwen op je beschermengelen én verantwoord handelen gaan samen op.
En zo zie je dat ook zelfvertrouwen een krachtig wapen is om de vijand die 'Angst' heet, te verslaan.

HOOFDSTUK 16

Maar zelfs na dit ongeluk werd mij nog geen rust gegund en bleven de hobbels en bobbels op mijn pad verschijnen. Een paar weken later was het in de Ardennen alweer raak. Alvorens ik hierover van wal steek, zal ik eerst een opmerkelijke toevalligheid uiteenleggen die zich vooraf aan dit malheur ontvouwde.
Mijn jongste telg was jarig geweest en dat gingen we samen vieren. Voor de verjaardag van mijn nestkuiken had ik haar een 'All you can eat Sushi' tegoedbon gegeven en een door mezelf vervaardigde shopcheque.
Vanwege het onstuimige herfstweer besloten we de cadeaucheque niet in de stad Luxemburg te gaan verzilveren, maar in 's lands grootste Shopping-center 'La Belle Etoile'.
Na uitgebreid geshopt te hebben, ploften we met een geslaagd gevoel neer in Confiserie Namur. Een confiserie is een soort van 'koffie met gebakzaak' met lekkerheden van een verfijndere soort, oftewel een wat luxer etablissement.
We hadden allebei trek in iets hartigs. Het kon dan ook geen toeval zijn dat er in de vitrine tussen de gebakspunten in, nog precies twee luxe salades uitdagend op ons stonden te wachten. De ene koude schotel was rijkelijk voorzien van vis en de andere van geitenkaas met pijnboompitten en een reepje bacon.
Met een heerlijk voldaan gevoel liepen we naderhand nog even het filiaal van de Cactus binnen. Dat is een super-de-luxe Luxemburgse supermarkt.
De jarige wilde daar nog wat dingetjes kopen. Ik genoot er zo van om te zien dat ze haar mandje bewust vulde met gezonde voedingswaren, dat ik het niet kon

laten om haar boodschappen voor mijn rekening te nemen. Op het kassabonnetje verscheen het totaalbedrag van 5,57.
Na te hebben afgerekend, liep ik samen met mijn dochter de grote parkeerplaats op terug naar onze auto's. Terwijl we afscheid namen, zag ik op het robuuste informatiebord dat er nog 557 plaatsen in de parkeergarage vrij waren. Verrek hé, daar is weer die 557, verbaasde ik me. Maar het intens beleven van het afscheidsritueel met mijn dochter, die ik vanwege haar worldwide diensten als stewardess voor langere tijd niet meer zou zien, deed me het gevoel van verbazing snel loslaten.
Met een opgewekt gevoel vanwege de heerlijke middag die ik met haar had gehad, reed ik dwars door de stad 'Luxemburg' naar mijn volgende adres.
Toen ik bijna mijn bestemming bereikt had, keek ik onbewust op het klokje op het dashboard. En nu mag je één keer raden wat het afleesvenstertje aangaf.
Juist, het was 5.57 op het klokje.
Uiteraard liet ik er geen gras meer over groeien om meteen na aankomst de betekenis te achterhalen. En toen kon mijn dag helemáál niet meer stuk. Bij het intikken van 'betekenis 557', floepte zonder verder nog een website te hoeven selecteren, de onderstaande zin voor mijn neus:
'Je weg is er een van aanzienlijke veranderingen geweest en het universum prijst je om de moed en volharding die je hebt tentoongespreid!'
Ik stond helemaal paf. Wat een geweldig compliment! Vanwege mijn 'van hot naar her' gereis, ben ik 's avonds vaak alleen en heb ik daardoor veel gelegenheid om dingen in alle rust te overdenken. Die avond

nam ik er uitgebreid de tijd voor om de betekenis van 557 aan de hand van de werkelijkheid te analyseren.
De volharding die ik heb tentoongespreid zal zeker kloppen. Tijdens het schrijven van dit boek heb ik vaak de handdoek in de ring willen gooien, maar toch heb ik steeds de discipline gehad om dit niet te doen.
Na enige overpeinzing constateerde ik dat de lofbetuiging volledig op zijn plaats was. Wat was ík trots op mezelf! Zo kon ik er weer met volle moed tegenaan gaan.
En die moed had ik nodig ook, want twee dagen later bracht een ritje door de Ardennen me alweer naar de volgende test-case.
Meteen na vertrek uit Luxemburg liep het al niet lekker. Er waren nóg twee wegomleggingen op mijn route bijgekomen waardoor ik vanwege de slechte informatie op de omleidingsborden, zelfs bijna in de stad Trier belandde. Als bijkomstig narigheidje hoorde ik een kabaal onder de auto vandaan komen. De zomerbanden had ik net laten omwisselen en ik vreesde met grote vreze, dat dat in verband kon staan met het lawaai wat ik uit die richting hoorde. Stel je toch eens voor dat er een moertje niet goed is aangedraaid en er een band tijdens het rijden afrolt, bedacht ik als ergste rampscenario. Door de stress die deze gedachten veroorzaakten, moest ik nodig plassen. Inmiddels was ik in de Eifel beland en daar is, net als in de Ardennen, niet één-twee-drie de mogelijkheid om deze complicatie op te lossen.
Als dat alles zou zijn geweest, was dat nog te overzien, maar dat mocht niet het geval zijn, want ik zag de bui alweer hangen. En toen begon het ineens te hozen alsof de hemelsluizen werden opengezet. Met de

ruitenwissers op de hoogste stand en een aangepast gangetje naar minder dan 80 km per uur, gingen de ramen ook nog beslaan. Ik was het helemaal beu, al die rottigheden van de afgelopen tijd. 'Houdt dit gedonder nu nooit op,' jammerde ik.
Hoe ik ook mijn best deed de blower op een effectieve stand te krijgen, lukte me dat voor geen meter. Ik zag geen klap meer. Het was één bak ellende die ik over me heen kreeg.
Terwijl ik zo aan het piepen was, kwam er een gedachte in me opborrelen.: 'Je gaat je toch zeker niet door zo'n regenbui uit het veld laten slaan. Eergister werd je nog de hemel in geprezen vanwege je moed en volharding'.
Dat klopte inderdaad. De betekenis van nummer 557 was een super lofbetuiging geweest. Maar waarom moet ik deze ontberingen allemaal doorstaan? vroeg ik me ontdaan af.
Op het moment dat het me niets meer kon schelen hoe de situatie waarin ik verkeerde zou aflopen, zag ik in een flits twee keer, heel groot het getal 55 op borden in de berm staan. En toen viel in één klap het kwartje.
Het getal 55 kom ik sinds mijn spirituele ontwaking dikwijls tegen. Het betekent: maak de veiligheidsgordel maar vast, want je maakt een grote positieve verandering door in je leven.
Eerder begreep ik nooit waarom ik symbolisch gezien de veiligheidsgordel vast zou moeten maken. Maar nu kreeg ik de reden door: de beproevingen die tijdens mijn bewustwordingsproces op mijn pad komen, veroorzaken turbulente omstandigheden. Nummer 55 herinnert je eraan dat je met de riemen vast, goed in het zadel moet blijven zitten, zodat je de uitdagingen

goed kunt doorstaan.
Vervolgens ging er nog een lampje bij me branden: nadat de blikkenvuurvogel door de garage was gevlogen, smeekte ik om kracht en moed om mijn angsten te verdrijven. En nu komt de clou: om kracht te krijgen, ontvang ik moeilijkheden en obstakels als training om me sterker te maken.
Om moed te krijgen, ontvang ik uit de numerologie oppeppers in de vorm van complimenten en peptalks, waarmee bovendien mijn motiverende motor draaiende wordt gehouden.
En de combinatie van kracht, moed en motivatie maakt mij strijdbaar om mijn angsten te overwinnen. Angsten waarmee ik vaak oog in oog kom te staan.
Toen ik tot dit inzicht gekomen was, hield het op met regenen en piepte de zon voorzichtig door de wolken heen.
Een letterlijk voorbeeld dat na regen zonneschijn komt.

HOOFDSTUK 17

Hier was het goed afgelopen, want de donkere wolken hadden plaatsgemaakt voor zonlicht. Maar door verwachtingen die je uit de numerologie ontleend, kun je soms ook bedrogen uitkomen. Een situatie loopt meestal heel anders af dan je denkt.

Zo viel me op een dag een paar keer achter elkaar het getal 707 op. Na mijn werk reed ik vóórdat ik naar Nederland zou rijden langs de Action in Luxemburg om engeltjes te kopen voor in de kerstboom. Na een tijdje te hebben getwijfeld welke kerstbeeldjes het leukste waren, koos ik een mix uit van engeltjes en kerkjes. Toen ik wilde afrekenen, zag ik tot mijn stomme verbazing dat het totaalbedrag 7,07 euro was.

Eerder die dag had ik uit nieuwsgierigheid al naar de betekenis van het getal 707 gezocht. De betekenis luidde: 'Je bereidheid te vertrouwen, te luisteren en te volgen, brengt grote wonderen in je leven'.

Dat maakte me superblij, want wie wil er nu niet in wonderen geloven.

Toen ik weer in mijn auto had plaatsgenomen, nam ik het kassabonnetje nog eens aandachtig door. Het totaalbedrag van 7,07 kon naar mijn mening geen toeval zijn. Daarom gaf het me het gevoel dat ik bij mijn spirituele aankopen door mysterieuze krachten was begeleid. Met wat waterige ogen van ontroering reed ik de parkeerplaats af, waar ik oog in oog kwam te staan met een volgend toeval. Heel uitdagend kwam mij een vrachtwagen tegemoet met kentekennummer 2020.

Wat moest ik hier nu in hemelsnaam van denken?

Mijn boek schoot al aardig op en misschien was dit een stille hint dat de kurk aan het einde van het jaar 2020

toch nog van de champagnefles afkon. Dit wilde ik wel geloven!
Met mijn auto schoot ik de dichtstbijzijnde parkeerplaats op om in alle rust de waterparels de vrije loop te laten, want wat zou dat geweldig zijn!
Maar niet lang nadat deze vreugdetranen waren opgedroogd, schoten er binnen de kortste tijd nieuwe tranen tevoorschijn. Alleen dit keer waren ze van zeer grievende aard.
Bij terugkomst in Limburg kreeg ik een vreselijk bericht te horen: Mam, de moeder van Pé, was de dag ervoor 's avonds laat in haar keukentje gevallen en pas de volgende morgen gevonden. De hele nacht had dat arme mens op de koude tegelvloer gelegen. Behalve dat ze zeer ernstig aan haar been gewond was, had ze ook haar heup gebroken. In het ziekenhuis werd snel duidelijk dat ze te zwak was voor een operatie en de artsen daarom niets meer voor haar konden doen.
Dit was weer zo'n akelige beproeving waarbij je gevoelens heen en weer worden geslingerd. Waarom had dít nu weer moeten gebeuren?
Ik was er helemaal klaar mee. Dat hele boek kon me gestolen worden, met de engelentekenen, dierboodschappen en numerologie erbij.
Er volgden droevige dagen waarin de beslissing moest worden genomen om Mam naar een hospice te brengen. Zaterdag in de namiddag werd ze daar naartoe overgebracht en zondagmorgen is ze tegen dageraad overleden. We zijn er toen meteen naartoe gereden. Toevallig was het sterfhuis vlak bij ons in de buurt, in dezelfde straat waar Mam woonde. Dat gaf ons enigszins een vertrouwd gevoel. Gelukkig was ze niet in zo'n koud ziekenhuis overleden, waar je soms amper in de

gelegenheid wordt gesteld om afscheid te nemen. In het hospice hing een huiselijke sfeer, en er was beneden een bidkapelletje waar je ongegeneerd je tranen kon laten vloeien.
Terwijl Pé met de begrafenisondernemer wat organisatorische zaken aan het doornemen was, zag ik mijn kans schoon me naar boven te begeven, naar de kamer waar Mam zojuist was overleden.
Ik liep haar kamer binnen, en pakte haar arm vast die boven op het laken lag. Zachtjes begon ik tegen haar te praten en haar te bedanken: 'U was een lieve Mam en een goedhartige en dappere vrouw,' zei ik met een schorre stem. 'Wilt u alstublieft uw man Pap daarboven bedanken voor alle liefde die hij hier op aarde achtergelaten heeft,' vroeg ik snikkend.
Het werd ijzig stil.
Het leek alsof ze me gehoord had, zodat ik met ingehouden adem, en verkrampt van angst, naast haar bed stond te wachten op een reactie.
Ze gaat zo zeggen: 'Goed kind,' schoot er door mijn hoofd. 'Goed kind,' zei ze altijd steevast als instemmend antwoord, of als beëindiging van ons gesprek. Maar nu bleef het stil en besefte ik dat ze voorgoed haar ogen had gesloten. Nóóit zou ze mijn verhalen meer belangstellend aanhoren, nóóit meer zou ik haar bezorgdheid om ons voelen, en nóóit zou zij mij meer geruststellen met haar heilige overtuiging dat ze na haar dood weer bij haar overleden man Jeff terug zou komen.
Niet dat ze met dat geloof te koop liep. Helemaal niet zelfs. Maar ze gaf je altijd wel heel subtiel dat gevoel. Bij het opruimen van haar spulletjes, kreeg ik hiervan de bevestiging. Overal vond ik knipseltjes of geplastifi-

ceerde prentjes van Heiligen die ze in de loop der jaren bewaard had. Och, er zat zelfs nog één verstopt in het plastic mapje van haar afsprakenkaart van het ziekenhuis. Misschien had ze daarom wel altijd zoveel moed. Wie zal het zeggen, ze had heel wat ouderdomskwaaltjes, maar je hoorde haar nooit klagen.
Maar nu was alles over en uit. We zouden Mam moeten gaan missen. Een onacceptabele gedachte en een onmogelijke beproeving die ik niet aan wilde gaan.
Na de crematie van Mam was het leven opeens zo vreemd. De achtergebleven leegte voelde zo koud en kil. Alles in de wereld om ons heen was gewoon doorgegaan alsof er niets gebeurd was. Het kwam zo hard aan, maar leek ook zo onwerkelijk tegelijk.
De dag voor ik weer naar Luxemburg moest vertrekken, zat ik 's avonds laat nog op de bank te hangen. Eigenlijk had ik allang moeten slapen, want ik moest de volgende dag vroeg op. Maar ik was zo vreselijk teleurgesteld door het leven en ik voelde me zo in de steek gelaten.
De numerologie had me doen geloven dat er wonderen zouden gebeuren, maar in plaats daarvan kreeg ik nu dit verdriet te verwerken. Tevens zou ik geholpen worden met het schrijven van het boek, maar als dat zo moest gaan, hoefde dat voor mij niet meer. Het leven leek één en al narigheid.
Die ochtend had ik in mijn wanhoop nog eens per schietgebed gevraagd om me 2020 te tonen, zodat ik daar nog wat hoop uit zou kunnen putten, maar de hele dag had ik dit nergens opgemerkt. Steeds had ik nog een sprankje hoop gehad om mijn werk in 2020 te voltooien, maar nu was deze hinderlaag me meedogenloos voor de voeten geschoven.

Apathisch staarde ik wat voor me uit. Het leven voelde ineens zo zinloos. Onbewust gleed mijn blik over het televisiescherm. En toen ontwaakte ik in één klap uit mijn deprimerende gedachten. Er kwam een 'kantinetafel' in beeld met daarop een bordje met 2020. Vanwege mijn moeheid kwam het niet meer helemaal bij me binnen en liet ik het erbij.
De volgende dag tijdens mijn rit door de Ardennen, kreeg ik volop de tijd om over de beroering van de avond ervoor na te denken. Achter die kantinetafel met 2020 erop, had ik een man zien staan en ik was aan het prakkiseren waar ik hem van kende. Tot plots de titel van het televisieprogramma 'IK GELOOF IN MIJ' me te binnenschoot. Meteen legde ik de link met deze titel en 2020: als ik in mezelf geloof, dan zal ik mijn doel nog in 2020 volbrengen.
Overtuigd van mezelf en zonder naar mijn gevoel te luisteren, nam ik impulsief het heft in eigen handen. Want waarom zou ik niet in mezelf geloven? Ik was meer dan tevreden over de inhoud van het boek, dat ik als amateur geschreven had. Bovendien had ik de hoop om ontslag te kunnen nemen al opgegeven, dus hoefde ik wat dat betreft geen perfectie meer na te streven.
Bij de afsluiting van het boek kondigde ik alvast voorbarig het tweede deel aan. Maar niets is wat het lijkt en alles gaat altijd anders dan je denkt.
Dat de tijd nog niet rijp was om het boek af te sluiten, zal hoogstwaarschijnlijk de beweegreden zijn geweest dat er door hogerhand werd ingegrepen.

HOOFDSTUK 18

Als die ingreep niet gebeurd zou zijn, zou ik zonder naar mijn intuïtie te hebben geluisterd, ongeduldig mijn zin hebben doorgezet. Het manuscript zou aan het eind van 2020 bij de dienstverlenende uitgever op tafel hebben gelegen, ware het niet dat daar op de valreep nog een stokje voor gestoken werd.

Deze verhindering die qua timing uitermate wonderbaarlijk was, haalde de droom over mijn moeder bij mij naar boven. Voorafgaand aan die droom had ik eerbiedig gevraagd of ik bij mijn moeder zou mogen zijn als haar tijd gekomen is en ze door de engelen wordt opgehaald.

Het was zondagavond 20 december 2020, rond de klok van 20:00 uur dat ik mijn boek afrondde en afscheid nam van mijn lezerspubliek. Ter afsluiting kondigde ik alvast voorbarig deel 2 aan.

In een hosannastemming schonk ik een glas wijn in om een toost uit te brengen op dit grote succes. Terwijl ik langs de spiegel op de veranda liep, stak ik nog even een duimpje naar mezelf op en nestelde me vervolgens met een gevoel van welbehagen in de luie stoel voor de kijkbuis.

Wat was ik trots op mezelf dat ik deze mijlpaal met een perfecte timing alsnog voor elkaar had gekregen. Terwijl ik aan het genieten was van dit heugelijk moment, werd deze triomf onderbroken door het opdringerige gepiep van mijn telefoon.

Het bleek een onbekende beller te zijn. Normaliter heb ik de instelling om op zondagavond niet op dergelijke no-name telefoontjes te reageren. Maar dit keer won mijn nieuwsgierigheid het van mijn doorgaans onge-

interesseerde weekendhouding. Dit was waarschijnlijk mede te danken aan het feit dat ik er zin in had om aan iedereen die het wilde horen mijn euforische stemming te verklaren. Daarom besloot ik te luisteren met wie ik het genoegen had.
Door de speaker klonk een ernstige mannenstem, die de dienstdoende arts van het verzorgingstehuis van mijn moeder bleek te zijn.
Hij had een hele nare mededeling voor me: 'Uw moeder is vanavond na het avondeten onwel geworden. De kans is groot dat ze de nacht niet meer ingaat.'
Ik was even helemaal van mijn stuk, want al mijn blije emoties werden als de bliksem de grond ingeslagen. Omdat ik van ver moest komen en de kans groot was dat ik er niet op tijd zou zijn voor het moment dat mijn moeder deze wereld zou verlaten, stelde de arts voor dat hij mijn zussen die dichterbij woonden, zou alarmeren. Ter afsluiting van het gesprek meldde hij me dat hij bij mijn moeder zou blijven wachten tot één van mijn zussen zou zijn gearriveerd, hetgeen de ernst van de zaak nog eens extra bekrachtigde.
Ook al vreesde ik dat mijn wens om bij mijn moeder te zijn als ze voorgoed weg zou gaan, niet in vervulling zou gaan, wist ik gek genoeg mijn hoofd koel te houden. Misschien kwam dat, omdat me iets was opgevallen. De beller 'zonder naam' liet namelijk een telefoonnummer op de display van mijn gsm verschijnen waarin heel opvallend de cijfercombinatie 444 voorkwam. Misschien is het wat buitenissig van me, maar het getal 444 stelde me zo gerust, dat ik de hoop kreeg om hoe dan ook toch op tijd te komen. Omdat ik nu eenmaal een open geest voor dit soort ideeën heb, hielp me dat in ieder geval om het los te laten en de

aansluitende nacht wat te kunnen slapen.
Uiteraard was ik de volgende morgen vroeg uit de veren. Toen ik bij het verzorgingshuis arriveerde, kwam mijn zus op me afgevlogen. 'Kom snel, kom snel,' riep ze gespannen. 'Je bent nog net op tijd! Ik heb mama steeds gezegd dat jij onderweg was en dat ze op je moet wachten.'
Vliegensvlug deed ik de coronaoutfit aan die voor de kamerdeur was klaargelegd en stormde ik, waarschijnlijk vanwege de aanstekelijke stress van mijn zus, opgewonden de kamer van onze moeder naar binnen.
En daar lag mijn moedertje in bed met haar laatste krachten te vechten tegen de reis met onbekende bestemming. Terwijl ik haar handen zachtjes streelde, zei ik: 'Ga maar fijn naar papa, want die is boven al op je aan het wachten'.
Als reactie daarop spande ze haar lippen en boog ze haar zichtbaar geworden tong met de buitenkanten naar binnen. Uit haar mond werden wat onduidelijke klanken hoorbaar, alsof ze nog iets probeerde te zeggen. En toen was het moment gekomen dat haar ziel haar stoffelijke behuizing ontsteeg, waarbij het leek alsof er een subtiele lichtschicht door het portaaltje bij de kamerdeur flitste. Met ingehouden adem hielden we onze focus op mama gericht en werden we er onafwendbaar getuige van hoe ze haar laatste restje levenslucht uitpufte.
De doodse stilte die daarop volgde ging door merg en been. In een reflex begon ik als een kind te krijsen. 'Mámá,' gilde ik uit, alsof ik haar met die hartenkreet wilde terughalen, maar ze bleef onberoerd. En wederom viel er een ijzige stilte, die pijnlijk deed beseffen dat ze voor altijd van ons was heengegaan.

Wat er dan door je heen gaat, is zo'n indringende gewaarwording. Het is moeilijk in woorden te vatten. Vanwege de drukte kon de begrafenisondernemer pas aan het einde van de dag komen. Om die reden begonnen we in het bijzijn van mama's ontzielde lichaam, alvast voorbereidingen te treffen voor haar afscheid. We hadden geen andere keus, want vanwege corona gold er in alle andere vertrekken van het tehuis een toegangsverbod voor ons.
Er schemerde echter magie tussen het geregel van ons door. Er voltrokken zich met gepaste timing zulke toevallige verschijnselen, die ons de suggestie deden wekken dat onze moeder nog aan de spreekwoordelijke touwtjes trok.
Die indruk kregen we althans, omdat vlak nadat we haar ogen voorgoed hadden gesloten, er een koeriersdienst voor de deur stond met een gigantisch feestpakket aan lekkernijen.
Mijn zus had deze bestelling pas op 23 december willen laten bezorgen met de bedoeling dat mijn moeder tijdens de kerstdagen haar medebewoners gul zou kunnen trakteren. Maar toevalligerwijs werd de doos 2 dagen eerder afgeleverd, precies net na het moment van haar overlijden.
Dat paste perfect in het organisatorisch patroon van mijn moeder. Zo vierde ze haar verjaardag alleen op de dag zelf. Op die dag liet ze altijd volgens vaste gewoonte een hele grote doos gesorteerd gebak door de banketbakker aanleveren. En nu kwam er zo'n overdreven grote doos met traktaties uitgerekend op de dag dat iedereen in het verzorgingstehuis voorgoed afscheid van onze moeder moest nemen. Hum, dat was wel heel erg toevallig, want dit moment van aflevering was door

mijn zus helemaal niet zo gepland.
Maar het bleef niet bij dit incident. Er gebeurde later op de dag nog iets merkwaardigs dat achteraf bekeken in een rechte lijn lijkt te staan met een scene die zich een paar weken eerder afspeelde, tijdens het allerlaatste bezoek wat ik aan mijn moeder bracht.
Mama was dementerende en er was niet veel meer van haar oorspronkelijke persoonlijkheid over. Al haar karakteristieke eigenschappen werden door haar ziekte steeds meer aangetast. Het is eigenlijk zo, dat je iemand kwijtraakt die er nog is. En ook al sluimerde dat proces beetje bij beetje voort, het was voor ons, als haar kinderen, erg moeilijk behapbaar. Toch was er nog iets onaantastbaars blijven zitten. En dat was haar gevoel van moederliefde.
Zo bleef ze tot het eind aan toe zeggen dat ze zulke lieve dochters had. 'Fantastisch gewoon,' zei ze daar steevast achteraan. Maar ze herkende ons al een tijdje niet meer als haar dochters. Ongetwijfeld zal het bezoekverbod tijdens corona hiervan de medeboosdoener zijn geweest, want daardoor konden we een tijdje helemaal niet meer bij haar op bezoek gaan. Zo'n beetje vanaf dat moment dacht ze van iedereen die ze regelmatig zag, en daardoor vertrouwd op haar overkwam, dat het haar kind was.
Tijdens dat allerlaatste bezoek aan mijn moeder was ik haar rustig aan het observeren. Ze zat in de rolstoel tegenover mij en had haar pop, die speciaal voor dementerenden gemaakt is, op schoot. Ze babbelde geestdriftig tegen de pop, en maakte zich zorgen over haar blote voetjes waar geen sokjes meer omheen zaten. Het was een aandoenlijk aanblik. Ogenschijnlijk dacht ze dat de pop haar kind was, want ze zei aan het eind van haar

gebazel met een streng gezicht, dat ze niet in de bosjes mocht spelen. Om haar gebod kracht bij te zetten, stak ze gebiedend haar wijsvinger de lucht in. Ze deed dat op dezelfde manier zoals ze dat vroeger ook bij mij en mijn zussen deed.
Als een havik waakte ze over haar poppenkind en liet mij totaal links liggen. Als ik een beetje toenadering probeerde te zoeken, keek ze waarschuwend mijn kant uit: 'Wee-je-gebeente als je aan haar komt,' reageerde ze, alsof ze niets met mij van doen had. Onder haar gefronste wenkbrauwen zag ik diep weggescholen twee boze ogen, die mij doordringend aankeken. Het voelde alsof haar blik zich dwars door mijn hart heen boorde, zo'n pijn deed dat. Vroeger had ik altijd zo'n gezellige en liefdevolle band met mijn moeder gehad, daarom was dit moment ondraaglijk.
Na een poosje was de tijdslimiet van mijn bezoekuurtje verstreken en kwam een aardige zuster mijn moeder ophalen om aan tafel te gaan. Toen mijn moeder de zuster zag, veranderde haar stemming in één en al vrolijkheid.
Dat kwam hard bij me aan, want naar mij toe had ze de hele tijd geen enkele blijk van herkenning getoond. De zuster zag schuin vanuit haar ooghoeken hoe ik de strijd tegen mijn tranen verloor. Met een meewarige blik in haar ogen nam ze mijn moeder mee en bleef ik ongetroost alleen in haar kamertje achter. Nadat ik me in de badkamer wat opgekalefaterd had, liep ik naar de eetzaal.
Vanwege de coronamaatregelen mocht ik niet naar binnen, daarom stond ik nog even bij de ingang te gluren om een laatste glimp van mijn moeder op te vangen, alvorens ik weer zuidwaarts zou afreizen.

Mijn moeder zat inmiddels aan tafel en vanaf een afstandje zag ik haar van opzij zitten. De lieve zuster draaide de rolstoel van mijn moeder een slagje om, zodat ik nog even naar haar kon wuiven. En toen gebeurde er iets wonderlijks: mijn moeder kreeg me ineens in het vizier. Terwijl ze haar bril niet op had, zag ze me toch in de deuropening staan. Ze begon dolblij terug te zwaaien, op dezelfde vrolijke manier als ik vroeger van haar gewend was. Hoewel ze mij tijdens mijn bezoek totaal niet meer herkend had, riep ze nu zomaar ineens: 'Kijk, daar staat mijn dochter, die komt me halen en dan kom ik hier NOOIT meer terug!'

Meteen draaide ze haar hoofd weer van me af en richtte haar aandacht op de lunchtafel waar alle heerlijkheden voor haar stonden uitgestald. Voorovergebogen keek ze met een uitgestrekte hals wat er allemaal voor lekkers voor haar op de tafel stond en ze was mij alweer vergeten.

Ik zal verder niet uitweiden over het tranendal waardoor ik naar huis ben teruggereden. Daarom schakel ik nu direct vanuit de eetzaal weer over naar haar sterfdag.

Nadat ze was gestorven lieten de uitvaartverzorgers zolang op zich wachten, dat het inmiddels al donker werd. Omdat we nog een lange rit voor de boeg hadden, besloten mijn zus, mijn nichtje en ik om naar huis te gaan.

Mijn zusje Lynn was die dag liever niet bij mijn moeder komen kijken. Iedereen verwerkt het verlies van een moeder op z'n eigen manier. Het is niet voor iedereen een uitgesproken wens om getuige te zijn van het moment waarop je moeder het leven laat.

Al dacht Lynn er die dag niet meer voor in de stem-

ming te zijn, kreeg ze toch ineens de geest om de gedenkfoto van onze moeder naar het verzorgingstehuis in Naarden te brengen om daar op de statafel in de ontvangsthal te zetten. Toen ze bij het verzorgingstehuis aankwam, stond er net een in het zwartgeklede man voor het toegangshek. 'U komt vast mijn moeder halen,' zei mijn zusje enigszins terughoudend.
'Inderdaad,' antwoordde hij met een bevestigend knikje.
Toen Lynn later nog steeds achter het toegangshek stond te wachten, zag ze dat het personeel van het verzorgingstehuis zich in de hal ging verzamelen. Al de aanwezige personeelsleden vormden een erehaag om mama als afscheid een eerbetoon te brengen.
En toen verscheen de brancard waar mama bedekt onder een zwart kleed op lag. Terwijl mama door de strak in het pak geklede heren statig de erehaag door werd gedragen, maakten alle personeelsleden een plechtige buiging voor haar.
Onder het toeziend oog van mijn zusje, werd onze moeder naar buiten gedragen en in de rouwauto gerold, die met gezwinde spoed vertrok om mama naar haar geliefde Soest terug te brengen.
Vliegensvlug zette mijn zusje de achtervolging in en reed achter de auto aan, totdat mama uiteindelijk bij het uitvaartcentrum op de Albert Cuijplaan in Soest was aangekomen. Snel stapte Lynn de auto uit om zich ervan te overtuigen dat mama goed was afgeleverd en om de betreffende chauffeur daarvoor te bedanken.
En zo kon het geschiedden dat onze moeder door één van haar dochters uit Naarden werd opgehaald en teruggebracht werd naar Soest. Haar allerlaatste woorden die ze tegen mij had uitgeroepen, waren werkelijkheid

geworden: ‘Kijk, daar staat mijn dochter, die komt me halen en dan kom ik hier NOOIT meer terug!’
Zo had mama op deze bijzondere dag al haar dochters weten in te zetten.
Zo’n reeks van aaneengeschakelde, perfect getimede toevalligheden zie je toch alleen maar in een film. En hier gebeurde het in werkelijkheid. Wat miraculeus!
Papa zei het vroeger al tegen mij, toen ik nog een weerbarstige puber was: ‘Ooit kom je er nog wel eens achter dat er meer is tussen Hemel en Aarde’.
Tja, dat zou je nu toch zeker gaan denken…

HOOFDSTUK 19

Nog geen week na de begrafenis van mijn moeder lag er een aangetekende brief op het postkantoor op me te wachten. Daarin stond te lezen dat ik gedaagd werd om voor het Gerechtshof in Duitsland te verschijnen, vanwege het verkeersdelict dat ik in verband met de aanrijding zou hebben begaan.
Om hieraan nog te kunnen ontsnappen, werd mij opnieuw als optie geboden een boete af te tikken, waarmee ik meteen mijn schuld zou toegeven. Maar ik had helemaal geen zin om op deze manier het boetekleed aan te trekken en als zondebok weggezet te worden. De beschuldiging voelde zo onrechtvaardig dat ik besloot niet de weg van de minste weerstand te bewandelen. Daarom maakte ik de keuze om voor het gerechtsbankje te verschijnen. Daarbij maakte het me niet uit als het al mijn spaarcenten aan gerechtsleges zou kosten. Als het gevoel van onrecht zo groot is, kan dat je niets meer schelen. Bovendien wekt onrecht zulke sterke krachten in mij op, dat ik in zulke situaties zelfs voor de duvel niet meer bang ben.
Om mij op de dag des oordeels kranig te kunnen verweren, begon ik met het slijpen van de messen. 'Zonder strijd geen overwinning' is mijn motto.
Eerder had ik al een professioneel bezwaarschrift opgesteld waarmee ik geholpen werd door een Duitstalige collega. Maar daarop hadden ze geen enkele sjoege gegeven. Ik stuurde het nogmaals aangetekend in. Dat bleek tevergeefs. Het antwoord klonk keihard terug dat ik schuld had en de getuigen zouden dit tijdens de zitting persoonlijk komen verklaren. Deze twee (Duitse) tegengetuigen waren de vrouw die mij in het

donker op mijn weghelft aanreed en de dienstdoende politieagente, die pas na driekwartier ter plaatse kwam 'aankakken'. Dat is toch uit den boze!
Ik kon me dan ook niet aan de indruk onttrekken dat ik werd uitgedaagd voor een kat en muis spelletje, hetgeen betekent dat de winnaar bij voorbaat bekend is. Omdat mijn onschuld niet sluitend te bewijzen was, begon ik te twijfelen om alsnog af te haken. Maar iedere keer als deze gedachte me bang maakte en mijn twistbare brein me weer in dubio bracht, kreeg ik steeds heel demonstratief drievoudige en dubbele getallen te zien, zoals 222 en 444.
Dit zijn de geruststellende getallencombinaties die volgens de numerologie je de boodschap brengen dat je niets te vrezen hebt en je aanmoedigen om te stoppen met angst, stress en zorgen. Als je herhalend deze getallen ziet, waarbij je steeds denkt dat je niets te vrezen hebt, dan gaan je hersenen dat na verloop van tijd geloven. Dit fenomeen ontstaat door de kracht van de herhaling. Op deze manier gaf de getallensymboliek me een gerust gevoel om de uitdaging toch aan te gaan.
Af en toe als mijn vertrouwen in de numerologie me in de steek dreigde te laten, kreeg ik consequent weer aanmoedigingen: 'Ga zo door, je doet het goed, je hebt niets te vrezen en sta vooral je mannetje. Richt je op de best mogelijke uitkomst'. Zo luidden althans de betekenissen van de door mij constant waargenomen getallencombinaties. Het leek daarbij alsof de numerologie alle twijfel in mij weg wilde nemen en me naar de zitting toe wilde lokken. Uiteindelijk kreeg ik een diep vertrouwen in een positieve afloop.
In de aanloop naar de rechtszaak bereidde ik me goed

voor, zodat ik op alle fronten mijn zegje kon doen. Als allerbelangrijkste krikte ik mijn Duitse spreekvaardigheid op naar een deugdelijk niveau, want ik wilde natuurlijk geen modderfiguur slaan. Met behulp van satellietbeelden van de T-splitsing, die ik via Google Maps had opgezocht, maakte ik een gedetailleerd overzicht van de verkeerssituatie. Zo zou ik beslagen ten ijs komen om de strijd aan te gaan.
Tegen het middaguur vertrok ik richting het Duitse stadje dat in de deelstaat Reinland-Paltz is gelegen. Onderweg naar het beklaagdenbankje zag ik tot mijn schrik opvallend vaak de combinatie 666 voor me opduiken.
In de ochtend van de aanrijding was mij dit nummer ook opgevallen. In eerste instantie dacht ik toen dat het een duivelsnummer was, maar gelukkig was ik er toen al achter gekomen dat de numerologie dit getal anders interpreteert: 'Blijf tolerant in wat voor een situatie je je ook bevindt en laat je door niets van de wijs brengen'. Deze interpretatie bleek na de rechtszaak een gouden tip.
Toen ik in het Duitse stadje was aangekomen, vond ik na veel heisteren een parkeerplaatsje. In de wachtruimte van het gerechtshof trof ik de tegenpartij aan. Ik vertelde haar dat ik bericht had gekregen van de Duitse ongevallenverzekering met de vermelding dat ze haar volledig schadeloos hadden gesteld. Ik was blij voor haar, want ik vond het sneu dat door ons ongeluk haar auto in de prak was gereden. Het bericht van haar schadeloosstelling had voor mij de weg vrijgemaakt om voor mezelf op te komen, waarmee ik deze aardige jonge dame dus niet zou benadelen.
Ondanks dat er tijdens de zitting door de 'ambtelijke'

getuige naar mijn mening, een onjuiste verklaring werd afgelegd, hield ik mijn hoofd koel.
Ook al waren de beschuldigingen van de ambtenaar kwetsend, antwoordde ik keurig netjes zonder enige vorm van geïrriteerdheid uit te stralen. Ik slaagde er zelfs in om meerdere malen een glimlach bij meneer de rechter te ontlokken.
Terwijl ik op het strafbankje heel overtuigd van mezelf mijn pleidooi zat af te steken, speurde de rechter mijn gezicht af. Hoofdschuddend reageerde hij hierop en zei het niet te begrijpen dat ik zo sympathiek kon blijven. Hoe gek het ook mag klinken: ik genoot hiervan. Het was zo'n werelds gevoel!
Nadat de getuigen allebei aan de beurt waren geweest om hun verklaring af te leggen, klonk één voor één uit de luidspreker hun naam met de vermelding dat ze weer konden vertrekken.
Daarop volgde het vonnis van de rechter. Maar in plaats van een veroordeling, kreeg ik complimentjes in mijn schoot geworpen.
Zijn uitspraak luidde: 'Omdat u zo sympathiek bent en uw eigen verdediging voert, veroordeel ik u niet.'
Dat was goed nieuws, want volgens mij betekende dat, dat ik niet schuldig was verklaard.
Nadat de zitting met veel officiële bombarie was afgesloten, sprak de rechter mij aan: 'Hoe kunt u zo vrolijk zijn gebleven?'
En toen floepte er bij mij zomaar uit dat ik een boek aan het schrijven was en dat deze belevenis in mijn boek zou worden verhaald. 'O ja,' zei hij belangstellend. 'En wanneer komt dat boek uit?' Ik vertelde dat het al zo goed als klaar was, maar vanwege het overlijden van mijn moeder was uitgesteld.

Hij vroeg waar het over ging. Blijkbaar had ik hem met mijn antwoord nieuwsgierig gemaakt, want hij zei met een plezierig lachje op zijn gezicht dat hij mijn boek best zou willen lezen.
Wat voelde ík me gevleid door zijn ogenschijnlijk oprechte aandacht!
Vrolijk kletsend liepen we gezamenlijk naar de uitgang van de rechtszaal. Met een grijns van oor tot oor, riep hij me na: 'Wie weet tot een volgende keer, maar dan liever niet hier'.
Zo eindigde de zitting in een 'gezellig' onderonsje met de rechter.

Al met al heeft dit gebeuren me enorm gesterkt in mijn persoonlijkheid. Het heeft veel zelfvertrouwen in me opgebouwd. Bovendien heeft deze inspirerende happening stof tot nadenken gegeven.
Zo heeft het me laten inzien dat nummer 666 ook in de numerologie het getal van het beest kan zijn, maar dan als waarschuwingsbord voor dat beest. De betekenis van het getal 666 waarschuwt je ervoor tolerant te blijven, zodat niet het beest bij je naar boven wordt gehaald, waar je wel voor wordt uitgedaagd.
Tolerantie is een deugd waarmee je de ondeugd KA buitenspel zet. Bij een rechtszitting, waar vaak het negatieve voor het oprapen ligt, zal KA zeker van de partij willen zijn, want dat is smullen voor hem.
Dit verhaal heeft bewezen dat positieve deugden, KA geen krachtvoer geven en hij daarom zal afdruipen. En dat is hier gelukt met een positieve afloop tot gevolg.
Het meest miraculeuze wil ik hierbij ook nog uitlichten: soms kan een droom een verbinding maken met wat zich later afspeelt. En dat is hier gebeurd! De nacht

na het ongeval had ik een droom waarvan de symboliek zich in de rechtszaal heeft verwezenlijkt. Zoals ik die droom al beschreef, zat er achter de coulissen van het decor een hoogwaardigheidsbekleder. Deze persoon was in werkelijkheid de rechter. In mijn droom zweefden voor het decor langs allerlei attributen, zoals een gevechtsmasker, een zwaard, een leeg harnas, een aktetas en een ceremoniële-outfit. Deze laatste symboliseerde de kledij van de griffier die aanwezig was bij de zitting. Tijdens de ceremonie draagt de griffier een toga. Het zwevende harnas, het gevechtsmasker en het zwaard, stonden symbool voor het 'afweergeschut' dat ik nodig had om me te bewapenen tegen het bombardement aan beschuldigingen dat ik over me heen kreeg. Toevallig had ik net voor de kerst een leren documentenkoffertje van Pé gekregen, waarvoor de zwevende aktetas in mijn droom symbool stond. Deze tas kwam goed van pas om het verdedigingsmateriaal dat ik naar de zitting meenam, ordelijk in op te bergen. En zo had ik door de kracht van de numerologie, mijn angsten en twijfels overwonnen, en dromen uit laten komen.

Wat een multifunctionele levensles! Met als beloning een heerlijk gevoel van trots, omdat ik mezelf had overtroffen!

SLOT

Mijn moeder was altijd gek op Duitstalige muziek. Daarom hadden we voor haar afscheid wat varianten hiervan uitgekozen. Eén van de titels daarvan luidde: 'Und wenn ich geh lass ich mein Herz bei dir'.
In het Nederlands vertaald betekent dit: 'En als ik ga, laat ik mijn hart bij jou'. Prachtige troostvolle muziek waar in de songtekst verborgen ligt dat mensen na hun heengaan een gevoel van liefde op deze aarde kunnen achterlaten.
En laat dit gevoel, van achtergebleven liefde van overleden dierbaren, me op een wonderbaarlijke manier zijn overkomen:
Met Unox ging ik een hardlooprondje doen.
Toen ik op de terugweg aan de overkant van het kanaal het geboortehuis van de moeder van Pé in het gehuchtje aan de Maas zag liggen, bleef ik even in alle rust stilstaan om aan haar te denken.
Haar dood werd destijds voor mij overschaduwd vanwege het overlijden van mijn eigen moeder kort daarna.
Terwijl ik hieraan terugdacht, kreeg ik vanuit het niets opeens de geest om een foto van de wolkenpracht boven het huis te maken.
Als bij toverslag gaf ik hier gehoor aan. Ik nam mijn telefoon in de aanslag en schoot lukraak een plaatje van de hemellucht.
Toen ik thuiskwam en de foto nader bekeek, zag ik vol verwondering dit hemels toeval:

ALS JIJ HET GEVOEL VAN LIEFDE OP DEZE WERELD KUNT ACHTERLATEN, DAN HEEFT JOUW LEVEN ZIN GEHAD!

DANKZEGGINGEN

Via deze weg wil ik iedereen bedanken die mij geïnspireerd heeft bij de totstandkoming van dit boek.
In het bijzonder bedank ik 'Boos Graphics Soest'.
Ook zou ik speciaal mijn dank willen uitspreken aan mijn leermeester Ton Quist die als aanmoedigende motor bij de totstandkoming van mijn allereerste boekwerkje 'Kapitein Quist', mijn schrijverslust heeft weten op te wekken. Dit verslag van een 'stagecruise' op een binnenvaarttanker, heeft destijds mogelijk de kiem gelegd voor dit boek.
Tot slot wil ik mijn lezerspubliek bedanken voor hun belangstelling.
Wie weet kan ik jullie opnieuw verwelkomen op een later tijdstip van mijn reis:

Op weg naar de 7e hemel.

Groetjes JY